다락원 중한대역문고

중국 당대 소설선

중급
10

다락원 중한대역문고 - 중급10

중국 당대 소설선

기획 한국중국현대문학학회
편역 장윤선
펴낸이 정규도
펴낸곳 (주)다락원

초판 1쇄 발행 2005년 1월 12일
초판 4쇄 발행 2017년 8월 23일

책임편집 최준희, 전숙희, 신성은
디자인 정현석, 김금주

다락원 경기도 파주시 문발로 211
내용문의: (02)736-2031 내선 430~439
구입문의: (02)736-2031 내선 250~252
Fax: (02)732-2037
출판등록 1977년 9월 16일 제300-1977-23호

Copyright ⓒ 2004, (주)다락원

저자 및 출판사의 허락 없이 이 책의 일부 또는 전부를 무단 복제·전재·발췌할 수 없습니다. 구입 후 철회는 회사 내규에 부합하는 경우에 가능하므로 구입문의처에 문의하시기 바랍니다. 분실·파손 등에 따른 소비자 피해에 대해서는 공정거래위원회에서 고시한 소비자 분쟁 해결 기준에 따라 보상 가능합니다. 잘못된 책은 바꿔 드립니다.

ISBN 978-89-7255-695-4 18720
      978-89-7255-336-6(set)

다락원 중한대역문고는...

중국현대문학을 전문적으로 연구하는 한국중국현대문학학회와 중국어 교재 전문 출판사 다락원이 질높은 중국어 학습교재의 개발을 목표로 기획한 중국어 독해교재이다. 중국 교과서에 실린 글과 문학작품 등 중국인의 사상, 문화가 배어 있는 엄선된 텍스트를 통해, 학습자들이 올바르고 아름다운 중국어 문장을 접할 수 있도록 하는 것을 기획의도로 삼았다. 2002년 초부터 기획, 작품선정을 시작하여 중국작가협회의 도움을 받아 판권을 계약하고, 현재 대학에서 중문학을 강의하고 있는 교수진이 번역을 맡았다. 2년이라는 짧지 않은 준비기간을 거치고 기획부터 번역까지 학계의 권위자들이 참가한 만큼 최고의 중국어 학습교재가 될 것을 믿어 의심치 않는다.

한국중국현대문학학회는...

1985년 창립된 한국중국현대문학학회는 국내는 물론 중국, 대만, 홍콩, 일본, 싱가폴 등지에서 전문적으로 중국현대문학을 연구하는 500여 회원들로 구성되어 있다. 정기간행 학술지 계간 「중국현대문학」 발간, 수십 회에 걸친 국제·국내학술대회 개최 등, 20년 가까운 역사 속에서 양적·질적 성장을 거듭하고 있는 명실상부한 중국현대문학 연구의 요람이다.

다락원 중한대역문고를 내면서

중국은 수천 년 동안 우리와 긴밀한 관계를 맺어 온 이웃이다. 최근에는 정치·외교적 역학관계의 균형뿐만 아니라 민족통일을 위한 역할 측면에서도 중국의 중요성이 더욱 부각되고 있다. 미증유의 한류(韓流)와 한국에서의 끝없는 '중국열' 속에서, 앞으로 다가올 것으로 보이는 동아시아 경제·문화 공동체의 발전을 위해서도 우리는 중국과 긴밀한 관계를 맺어 갈 수밖에 없다. 그러나 한편으로는 강력한 국가주의적 추구 속에서 중화대국주의의 흐름도 감지되고 있다. 중국을 공부해야 할 중요성이 바로 여기에 있다. 선린우호 관계를 유지하는 것은 필요하겠으나, 주체성 있는 '화이부동(和而不同)'의 자세로 중국을 공부해야 할 필요가 강조되는 까닭이기도 하다. 중국을 알기 위해서는 우선 중국어에 대한 폭넓은 이해가 선행되어야 한다. 한 국가의 언어를 이해하지 못한 채 그 나라를 깊이 있게 이해하겠다는 것은 연목구어(緣木求魚)가 아닐 수 없다.

이번에 한국중국현대문학학회와 다락원이 함께 기획하고 출판하게 된 다락원 중한대역문고는 이와 같은 인식에서 시작하여 인문학적 시각에서 중국을 이해하고자 하는 차원에 중점을 두고 중국의 다양한 역사·문화적 요소들을 통해 중국어를 학습할 수 있도록 노력하였다.

이러한 기획의도에 따라 다락원 중한대역문고는 초급과 중급으로 학습단계를 나누어 각각 10권씩 다양한 글들을 묶었다. 우선 초

급단계에서는 한국에서는 평소에 접하기 어려웠던 중국의 초등학교 교과서에 실린 글들을 대폭 선정하였다. 교과서란 무릇 그 나라의 언어와 문화를 체계적으로 학습할 수 있는 훌륭한 기본교재이기 때문이다. 이 밖에도 정확한 발음과 다양한 일상표현 학습을 위한 얼거(儿歌)선, 지혜와 교훈을 얻을 수 있는 우화선, 역사 속 위인들의 일화를 읽을 수 있는 역사 인물선, 그리고 유명한 서양의 동화들을 중국에서는 어떤 방식으로 표현하는가를 집중적으로 배울 수 있는 외국 동화선 등으로 꾸몄다.

중급단계에서는 수준을 한 단계 높여 초등학교 고학년 교과서의 글들을 우선 선정하였고, 이어서 중국 현대문학사에 빛나는 주옥 같은 작품들을 통해 현대 중국의 문학언어를 학습할 수 있도록 하였다. 중국 현대(現代) 동화선을 통해 학습자들은 기존에 접하지 못했던 현대 중국동화의 매력에 빠져들 수 있을 것이다. 아울러 중국 현·당대 수필선을 비롯하여 여류 작가 빙신(冰心)과 현대 중국 최고의 소설가 가운데 하나인 바진(巴金)의 단편들, 영원히 그 명성이 퇴색하지 않을 루쉰(魯迅)의 『아Q정전』과 딩링(丁玲)의 『소피 여사의 일기』는 물론, 최근 중국인의 의식과 문화를 잘 보여줄 단편소설과 미형(微型)소설들도 중국어와 중국문화를 접목하여 공부할 수 있는 좋은 교재가 될 것이다.

이번 중한대역문고는 모두 관련 분야에서 연구와 번역을 통해 오랫동안 공력을 들여온 역자들이 번역을 맡았다. 학습자들은 번역자

의 친절한 주석과 해설을 통해 원문과 번역문을 대조하면서 실력을 쌓아갈 수 있을 것이다. 또한 일정한 분량마다 제시되어 있는 연습문제 풀이를 통해서 자신의 실력을 점검해 볼 수도 있을 것이다. 무엇보다 부탁하고 싶은 것은 학습자들이 스스로 주어진 원문을 큰 소리로 낭독하는 과정을 반복했으면 하는 점이다. 언어는 스스로 소리 내어 말해보지 않으면 자기 것이 되기 어렵기 때문이다. 이번 문고를 통해 학습자들이 한층 더 성숙한 실력을 쌓을 수 있기를 바란다.

한국중국현대문학학회가 한국은 물론 아시아를 대표하는 중국현대문학 연구학회로 성장하고 있고 세계의 중화문학계를 향한 발언권을 더해가는 이 시점에 이 같은 문고를 출간할 수 있게 되어 가슴이 뿌듯하게 생각된다. 최초의 기획부터 출판에 이르기까지 남다른 노력을 아끼지 않았던 우리 학회의 전임회장이자 현 상임고문 박재우 교수(한국외대 중국어과)께 특별히 감사의 말씀을 드린다. 아울러 문고의 출간을 위해 여러 어려움을 모두 극복하고 끝까지 노력해 준 다락원 편집부에도 감사의 말씀을 드린다.

한국중국현대문학학회
다락원 중한대역문고 기획위원회

일러두기

1 이 책은 독해학습을 위해 어색한 한국어를 피하는 수준의 직역을 위주로 하되, 문학작품의 성격을 살리기 위해 원문의 의미를 크게 해치지 않는 수준에서 의역한 부분도 있음을 밝혀둔다.

2 이 책의 표기는 다음과 같은 규칙을 따랐다.

① 현대 중국의 인명 및 지명, 중국의 고유명사는 중국어 발음대로 표기하였다. 단, 우리에게 널리 알려진 고유명사는 한자독음대로 표기하였다.

　예　李小青 리샤오칭　　　北京 베이징
　　　万里长城 만리장성　　紫禁城 자금성

② 신해혁명을 기준으로 그 이전의 인명 및 지명은 한자독음대로 표기하였다.

　예　诸葛亮 제갈량　　　长安 장안

③ 이 책의 병음표기와 어휘의 뜻은 『중한사전』(고대민족문화연구소 편)과 『应用汉语词典』(商务印书馆 편)에 따라 표기하였다. 단, 일부 경성표기나 병음 띄어쓰기의 경우 예외를 두었다.

3 다락원 중한대역문고는 초·중급 각 10권씩 20권으로 구성되어 있으며, 각 권의 번호와 상관없이 텍스트의 난이도에 따라 Grade 1부터 5까지 총 5단계로 분류하였다.

차 례

머리말	4
일러두기	7
黃昏里的男孩 황혼 속의 사내아이 • Track 01	9
연습문제 1	44
작가소개 / 작품해설	48
照片 사진 • Track 02	49
연습문제 2	102
작가소개 / 작품해설	106
坚硬的稀粥 굳건히 우리 곁을 지키는 흰죽 • Track 03	107
연습문제 3	186
작가소개 / 작품해설	190
연습문제 모범답안	191

黄昏里的男孩

황혼 속의 사내아이

此刻，有一个名叫孙福的人正坐在秋天的中午里，守着一个堆满水果的摊位。明亮的阳光照耀着他，使他年过五十的眼睛眯了起来。他的双手搁在膝盖上，于是身体就垂在手臂上了。他花白的头发在阳光下显得灰蒙蒙，就像前面的道路。这是一条宽阔的道路，从远方伸过来，经过了他的身旁以后，又伸向了远方。他在这里已经坐了三年了，在这个长途汽车经常停靠的地方，以贩卖水果为生。一辆汽车从他身旁驶了过去，卷起的尘土像是来到的黑夜一样笼罩了他，接着他和他的水果又像是黎明似的重新出现了。

　　他看到一个男孩站在了前面，在那一片尘土过去之后，他看到了这个男孩，黑亮的眼睛正注视着他。他看着对面的男孩，这个穿着很脏衣服的男孩，把一只手放在他的水果上。

摊位 tānwèi 노점, 좌판　**眯** mī 실눈을 뜨다, 눈을 가늘게 뜨다　**照耀** zhàoyào 밝게 비추다, 눈부시게 비치다　**搁** gē 놓다, 두다　**膝盖** xīgài 무릎　**灰蒙蒙** huīméngméng 어슴푸레하다, 희뿌옇다　**宽阔** kuānkuò (강, 도로, 어깨 따위의 폭이) 넓다　**贩卖** fànmài 구입하여 팔다　**驶** shǐ (차나 배 등을) 운전하다, 몰다　**笼罩** lǒngzhào 덮어씌우다, 뒤덮다, 휩싸이다　**脏** zāng 더럽다, 불결하다

때는 어느 가을날 정오, 쑨푸라는 사람이 과일이 가득히 쌓인 좌판을 지키고 앉아 있었다. 반짝이는 햇살이 그를 비추자 오십을 넘긴 그의 눈이 가늘게 찡그려졌다. 그가 양손을 무릎 위에 얹어 놓아, 몸은 자연히 팔뚝 위로 축 처졌다. 반쯤 샌 그의 머리칼은 햇빛 아래에서 희뿌옇게 보이는 것이, 마치 꼭 앞쪽의 도로 같았다. 이것은 넓다란 도로로, 먼 곳으로부터 뻗어 나와 그의 곁을 지나 또다시 먼 곳을 향해 쭉 뻗어 있다. 그는 이미 이곳에서 3년을 앉아 있었다. 장거리 버스가 자주 정차하는 이곳에서 그는 과일을 팔아 생계를 꾸려 가고 있었다. 차 한 대가 그의 옆을 지나가자 날아오른 먼지가 마치 어두운 밤이 내린 것처럼 그를 뒤덮었고, 곧이어 그와 그의 과일은 동이 튼 것처럼 다시 나타났다.

그는 사내아이 하나가 앞에 서 있는 것을 보았다. 한바탕 먼지가 지나간 후에야 이 사내아이를 보았는데, 검게 반짝이는 눈이 그를 주시하고 있었다. 그는 꾀죄죄한 옷을 입고 앞에 서 있는 이 사내아이가 한 손을 그의 과일 위에 올려놓고 있는 것을 바라보고 있었다.

他去看男孩的手,指甲又黑又长,指甲碰到了一只红彤彤的苹果,他的手就举起来挥了挥,像是驱赶苍蝇一样,他说:

"走开。"

男孩缩回了自己黑乎乎的手,身体摇晃了一下后,走开了。男孩慢慢地向前走去,他的两手手臂闲荡着,他的头颅在瘦小的身体上面显得很大。

这时候有几个人向水果摊走来,孙福收回自己的目光,不再去看那个走去的男孩。那几个人走到孙福的对面,隔着水果问他:

"苹果怎么卖……香蕉多少钱一斤……"

그는 사내아이의 손을 쳐다보았다. 손톱은 검고 길었다. 손톱이 새빨간 사과에 닿자 그는 마치 파리를 쫓는 것처럼 손을 들어 휘저으며 말했다.

"저리 가."

사내아이는 자신의 새까만 손을 움츠렸고, 잠시 주춤거리다가 이내 가 버렸다. 사내아이는 천천히 앞을 향해 걸어갔다. 그의 두 팔은 유유히 움직였고, 그의 머리는 야윈 체구 위로 더욱 커 보였다.

이때 몇 사람이 과일 좌판을 향해 걸어왔다. 쑨푸는 시선을 거두고, 멀어져 가는 그 사내아이를 다시 쳐다보지 않았다. 몇 사람이 쑨푸의 맞은편으로 걸어와 과일을 사이에 두고 물었다.

"사과 어떻게 팔아요? 바나나는 한 근에 얼마에요?"

指甲 zhǐjia 손톱　红彤彤 hóngtōngtōng 새빨갛다　驱赶 qūgǎn 쫓다, 내몰다, 쫓아 버리다　苍蝇 cāngying 파리　缩回 suōhuí 오그라들다, 물러나다, 움츠리다　摇晃 yáohuàng 흔들리다, 흔들흔들하다　闲荡 xiándàng 할 일 없이 돌아다니다, 빈둥빈둥 돌아다니다　头颅 tóulú 머리　隔 gé 사이에 두다, 떨어져 있다

13

孙福站了起来,拿起秤杆,为他们称苹果和香蕉,又从他们手中接过钱。然后他重新坐下来,重新将双手搁在膝盖上,接着他又看到了刚才的男孩。男孩回来了。这一次男孩没有站在孙福的对面,而是站在一旁,他黑亮的眼睛注视着孙福的苹果和香蕉。孙福也看着他,男孩看了一会水果后,抬起头来看孙福了,他对孙福说:

"我饿了。"

孙福看着他没有说话,男孩继续说:

"我饿了。"

孙福听到了清脆的声音,他看着这个很脏的男孩,皱着眉说:

"走开。"

男孩的身体似乎抖动了一下,孙福响亮地又说:

"走开。"

쑨푸는 일어서서 저울대를 들고 사과와 바나나를 달았다. 그리고 그들 손에서 돈을 건네받았다. 그런 다음 다시 제자리에 앉아 양손을 도로 무릎 위에 올려놓았다. 그리고는 그는 방금 전 그 사내아이를 또 보았다. 사내아이는 되돌아와 있었다. 그런데 이번에는 쑨푸의 맞은편이 아닌 바로 옆쪽에 서 있었다. 아이의 검고 반짝이는 눈은 쑨푸의 사과와 바나나를 주시하고 있었다. 쑨푸도 아이를 바라보았다. 사내아이는 과일을 잠시 바라보다가 고개를 들어 쑨푸를 보며 말했다.

"저 배고파요."

쑨푸는 아이를 쳐다볼 뿐 아무 말도 하지 않았다. 사내아이는 계속해서 말을 했다.

"저 배고파요."

또랑또랑한 목소리를 듣고 쑨푸는 꾀죄죄한 이 사내아이를 쳐다보았다. 그리고는 눈살을 찌푸리며 말했다.

"저리 가."

사내아이의 몸이 떨리는 듯하였다. 쑨푸는 또 냅다 소리를 질렀다.

"썩 꺼지라니까."

秤杆 chènggǎn 저울대 | 称 chēng 무게를 달다 | 抬头 tái tóu 머리를 들다 | 清脆 qīngcuì (목소리, 발음 등이) 낭랑하다, 쟁쟁하다 | 皱眉 zhòu méi 눈살을 찌푸리다, 미간을 찌푸리다 | 抖动 dǒudòng 떨다, 털다 | 响亮 xiǎngliàng (소리가) 높고 크다, 우렁차다

男孩吓了一跳，他的身体迟疑不决地摇晃了几下，然后两条腿挪动了。孙福不再去看他，他的眼睛去注视前面的道路，他看到一辆长途客车停在了道路的另一边，车里的人站了起来。通过车窗玻璃，他看到很多肩膀挤到了一起，向着车门移动，过了一会，车上的人从客车的两端流了出来。这时，孙福转过脸来，他看到刚才那个男孩正在飞快地跑去。他看着男孩，心想他为什么跑？他看到了男孩甩动的手，男孩甩动的右手里正抓着什么，正抓着一个很圆的东西，他看清楚了，男孩手里抓着的是一只苹果。

깜짝 놀란 사내아이는 어쩔 줄 몰라 하며 주춤거리다가 발걸음을 옮겼다. 쑨푸는 더 이상 아이를 쳐다보지 않고, 앞에 있는 도로를 주시했다. 장거리 버스 한 대가 도로 반대편에 정차하자, 차내에 있는 사람들이 일어서는 것이 보였다. 차창으로 수많은 어깨들이 서로 밀치락거리며 출구를 향해 나오는 것이 보였다. 잠시 후 차내에 있는 사람들이 버스 양끝에서 몰려나왔다. 이때 쑨푸가 고개를 돌리자 방금 전 그 사내아이가 재빠르게 뛰어가는 것이 보였다. 사내아이를 보며 그는 속으로 저 애가 왜 뛰어갈까 생각했다. 사내아이의 흔들리는 손이 보였다. 사내아이는 흔들리는 오른손 안에 무언가를 쥐고 있었다. 아주 동그란 무언가를 쥐고 있었다. 그는 똑똑히 보았다. 사내아이가 손에 쥐고 있는 것은 한 알의 사과였다.

迟疑不决 chí yí bù jué 망설이며 결정하지 못하다 挪动 nuódong (위치를) 옮기다, 이동하다 挤 jǐ 빽빽이 들어차다, 꽉 차다, 붐비다 甩动 shuǎidòng (힘을 주어) 흔들다, 흔들어 움직이게 하다

于是孙福站了起来,向着男孩跑去的方向追赶。孙福喊叫了起来:

"抓小偷!抓住前面的小偷……"

这时候已经是下午,男孩在尘土飞扬的道路上逃跑,他听到了后面的喊叫,他回头望去,看到追来的孙福。他拼命向前跑,他气喘吁吁,两腿发软,他觉得自己快要跑不动了,他再次回头望去,看到挥舞着手喊叫的孙福,他知道孙福就要追上他了,于是他站住了脚,转过身来仰起脸呼哧呼哧地喘气了。他喘着气看着追来的孙福,当孙福追到他面前时,他将苹果举到了嘴里,使劲地咬了一口。

追上来的孙福挥手打去,打掉了男孩手里的苹果,还打在了男孩的脸上,男孩一个趔趄摔倒在地。倒在地上的男孩双手抱住自己的头,嘴里使劲地咀嚼起来。孙福听到了他咀嚼的声音,就抓住他的衣领把他提了起来。衣领被捏紧后,男孩没法咀嚼了,他瞪圆了眼睛,两腮被嘴里的苹果鼓了出来。孙福一只手抓住他的衣领,另一只手去卡他的脖子。

쑨푸는 일어서서 사내아이가 뛰어가는 쪽을 향해 뒤쫓아갔다. 쑨푸는 소리치기 시작했다.

"도둑 잡아라! 앞에 가는 도둑 잡아라……!"

때는 이미 오후였고 사내아이는 먼지 날리는 도로 위를 도망치고 있었다. 아이는 뒤에서 들려오는 고함소리를 들었고, 고개를 돌려 쫓아오는 쑨푸를 보았다. 아이는 죽을 힘을 다해 앞으로 내달렸다. 숨은 가빠 오르고 두 다리는 점차 힘이 빠져, 더 이상 뛸 수 없을 것 같았다. 아이가 다시 고개를 돌려 보자, 손을 휘저으며 고함치는 쑨푸가 보였다. 아이는 쑨푸가 곧 자신을 따라잡을 것을 알았다. 그리하여 아이는 걸음을 멈추고 몸을 돌려 고개를 든 채 헉헉 거친 숨을 내쉬었다. 아이는 숨을 헐떡이며 쫓아오는 쑨푸를 바라보았다. 쑨푸가 그의 앞까지 쫓아왔을 때 아이는 사과를 얼른 입속에 넣고, 있는 힘껏 한 입 베어물었다.

쫓아온 쑨푸가 손을 들어 후려치자, 사내아이의 손안에 있던 사과가 손에 맞아 땅에 떨어졌고 사내아이의 얼굴도 맞았다. 사내아이는 한 번 휘청거리더니 땅에 쓰러졌다. 땅에 쓰러진 사내아이는 두 손으로 자신의 머리를 감싸쥐고, 입으로는 열심히 사과를 씹기 시작했다. 쑨푸는 사내아이가 사과를 씹는 소리를 듣고, 곧장 그의 멱살을 잡아 아이를 일으켜 세웠다. 멱살이 단단히 잡힌 사내아이는 사과를 씹을 수 없었다. 아이의 눈은 휘둥그레졌고, 두 볼은 입 안 가득한 사과 때문에 불룩 튀어나왔다. 쑨푸는 한 손으로 아이의 멱살을 잡고, 다른 한 손으로는 아이의 목을 졸랐다.

追赶 zhuīgǎn 뒤쫓다, 쫓아가다, 따라잡다 气喘吁吁 qìchuǎn xūxu 숨이 가빠서 헐떡거리는 모양 挥舞 huīwǔ (무기, 채찍 따위를) 휘두르다, 흔들다 呼哧呼哧 hūchīhūchī 헉헉, 헐떡헐떡 喘气 chuǎn qì 헐떡거리다, 숨차다 趔趄 lièqie 비틀거리다, 휘청거리다 咀嚼 jǔjué (음식물을) 씹다, (의미를) 음미하다 衣领 yīlǐng 옷깃, 멱살 捏 niē 손가락으로 집다, 쥐다 鼓 gǔ (부풀어 올라) 팽팽하다, (자루, 봉투 따위에 물건이 가득 차) 울퉁불퉁하다 卡 qiǎ 조르다, 조이다

孙福向他喊叫:

"吐出来!吐出来!"

很多人围了上来,孙福对他们说:

"他还想吃下去!他偷了我的苹果,咬了我的苹果,他还想吃下去!"

然后孙福挥手给了男孩一巴掌,向他喊道:

"你给我吐出来!"

男孩紧闭鼓起的嘴,孙福又去卡他的脖子:

"吐出来!"

쑨푸는 아이를 향해 고함 쳤다.
"뱉어! 뱉으란 말야!"
많은 사람들이 모여들었고, 쑨푸는 그들에게 말했다.
"이 녀석이 그래도 먹으려고 하네! 이 녀석이 내 사과를 훔치고 내 사과를 베어먹고는, 그래도 계속 먹으려고 하네!"
그러고 나서 쑨푸는 손을 들어 사내아이의 뺨을 내리치며 아이에게 소리쳤다.
"빨리 뱉어 내란 말이야!"
사내아이는 불룩해진 입을 꽉 다물었다. 쑨푸는 또다시 아이의 목을 졸랐다.
"뱉으란 말야!"

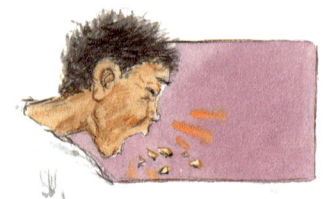

男孩的嘴张了开来,孙福看到了他嘴里已经咬碎的苹果,就让卡住他脖子的手使了使劲。孙福看到他的眼睛瞪圆了。有一个人对孙福说:

"孙福,你看他的眼珠子都快瞪出来了,你会把他卡死的。"

"活该。"孙福说,"卡死了也活该。"

然后孙福松开卡住男孩的手,指着苍天说道:

"我这辈子最恨的就是小偷……吐出来!"

男孩开始将嘴里的苹果吐出来了,一点一点地吐了出来,就像是挤牙膏似的,男孩将咬碎的苹果吐在了自己胸前的衣服上。男孩的嘴闭上后,孙福又用手将他的嘴掰开,蹲下身体往里面看了看后说:

"还有,还没有吐干净。"

于是男孩继续往外吐,吐出来的全是唾沫,唾沫里夹杂着一些苹果屑。男孩不停地吐着,吐到最后只有干巴巴的声音,连唾沫都没有了。这时候孙福才说:

"别吐啦。"

사내아이의 입이 벌어졌다. 쑨푸는 잘게 씹힌 사과 조각들이 아이의 입 안에 있는 것을 보고는 아이의 목을 조르던 손에 더더욱 힘을 주었다. 쑨푸는 사내아이의 눈이 휘둥그레지는 것을 보았다. 어떤 사람이 쑨푸에게 말했다.

"쑨푸, 아이의 눈알이 다 튀어나오겠네. 자네가 아이를 목 졸라 죽이겠어."

"그래도 싸지." 쑨푸는 말했다. "목이 졸려 죽어도 싸고말고."

쑨푸는 사내아이의 목을 조른 손을 풀고서, 하늘을 가리키며 말했다.

"내 평생 제일로 증오하는 것이 바로 도둑놈이야, 뱉어!"

사내아이는 입 속의 사과를 뱉어 내기 시작했다. 조금씩 조금씩 뱉어 내는 것이 마치 치약을 짜 내는 것 같았다. 사내아이는 잘게 씹힌 사과 조각들을 자신의 가슴쪽 옷에 뱉어 냈다. 사내아이의 입이 닫힌 후에도 쑨푸는 또다시 손으로 아이의 입을 비틀어 열고, 몸을 구부려 입 안을 살펴 보고 나서 말했다.

"아직 더 있어, 아직 다 뱉지 않았다구."

그래서 사내아이는 계속해서 밖으로 뱉어 냈다. 그러나 나오는 것은 전부 침뿐이었다. 침에는 약간의 사과 부스러기가 섞여 있었다. 사내아이는 계속해서 뱉었고, 나중에는 말라비틀어진 목소리만 나오더니 침조차 남지 않았다. 그제서야 쑨푸가 말했다.

"그만 뱉어."

活该 huógāi (~한 것은) 당연하다, 그래도 싸다, 마땅하다 | 松开 sōngkāi 풀다, 풀어지다, 늦추다 | 辈子 bèizi 한평생, 생애, 일생 | 挤牙膏 jǐ yágāo 치약을 짜다 | 蹲 dūn 쪼그리고 앉다, 웅크려 앉다 | 掰开 bāikāi 쪼개다, 나누다, 가르다 | 唾沫 tuòmo 침, 타액 | 屑 xiè 부스러기, 찌꺼기 | 干巴巴(的) gānbābā(de) 바싹 마르다, 건조하다

然后孙福看看四周的人,他看到了很多熟悉的脸,他就对他们说:

"从前我们都是不锁门的,这镇上没有一户人家锁门,是不是?"

他看到有人在点头,他继续说:

"现在锁上门以后,还要再加一道锁,为什么?就是因为这些小偷,我这辈子最恨的就是小偷。"

孙福去看那个男孩,男孩正仰着脸看他,他看到男孩的脸上都是泥土,男孩的眼睛出神地望着他,似乎是被他刚才的话吸引了。

그리고 쑨푸는 주위 사람들을 둘러보았다. 수많은 낯익은 얼굴들이 보였다. 그는 곧 그들에게 말했다.

"예전에 우리들은 모두 문을 잠그지 않고 살았어. 이 마을에 문을 잠그는 집이 한 집도 없었다고. 안 그래?"

그는 누군가 고개를 끄덕이는 것을 보고 말을 계속 이어나갔다.

"요새는 문을 잠그고 나서도 한 번 더 자물쇠를 채워야 하지. 왜 그러지? 바로 이런 도둑놈들 때문이야. 내 평생 가장 증오하는 것이 바로 도둑놈들이야."

쑨푸는 그 사내아이를 바라보았다. 사내아이도 고개를 들어 그를 바라보고 있었다. 사내아이의 얼굴은 온통 흙투성이였고, 눈은 멍하니 그를 바라보고 있었다. 마치 방금 전 그가 한 말에 매료라도 된 듯이.

锁 suǒ 자물쇠, 자물쇠를 채우다, 잠그다　出神 chūshén 어떤 일에 너무 정신을 집중해서 표정이 멍청해지다, 얼이 나가다

男孩的表情让孙福兴奋起来了,他说:

"要是从前的规矩,就该打断他的一只手,哪只手偷的,就打断那只手……"

孙福低头对男孩叫了起来:"是哪只手?"

男孩浑身一抖,很快地将右手放到了背后。孙福一把抓起男孩的右手,给四周的人看,他对他们说:

"就是这只手,要不他为什么躲得这么快……"

男孩这时候叫道:"不是这只手。"

"那就是这只手。"孙福抓起了男孩的左手。

"不是!"

男孩叫着,想抽回自己的左手,孙福挥手给了他一巴掌,男孩的身体摇晃了几下,孙福又给了他一巴掌,男孩不再动了。孙福揪住他的头发,让他的脸抬起来,冲着他的脸大声喊道:

"是哪只手?"

规矩 guīju 규칙, 표준, 법칙　打断 dǎduàn 자르다, 잘라 버리다　浑身 húnshēn 온몸, 전신　一把 yì bǎ 한 줌, 한 웅큼　躲 duǒ 숨다, 피하다, 비키다　抽 chōu 꺼내다, 뽑다, 빼내다　揪 jiū 꼭 붙잡다, 끌어당기다　冲 chòng 향하다, 대하다

사내아이의 표정은 쑨푸를 더더욱 흥분시켰다. 그는 말했다.

"만약 예전의 규율대로라면 한쪽 손을 분질러 버려야 해. 어느 쪽 손으로 훔쳤는지, 그 손을 분질러 버려야 한다고……."

쑨푸는 고개를 숙여 사내아이에게 소리치기 시작했다. "어느 손이야?"

사내아이는 온몸을 부들부들 떨며 황급히 오른손을 등 뒤로 감추었다. 쑨푸는 사내아이의 오른손을 덥석 낚아채어 주위 사람들에게 보이며 말했다.

"바로 이 손이군. 그렇지 않으면 이 녀석이 왜 이리 재빨리 이 손을 숨기겠어……."

사내아이가 이때 소리쳤다. "이 손이 아니에요."

"그럼 이 손인가 보군." 쑨푸는 사내아이의 왼손을 잡아 쥐었다.

"아니에요!"

사내아이가 외치며 왼손을 빼려고 하자, 쑨푸는 손을 들어 그의 뺨을 때렸다. 사내아이의 몸이 몇 번 휘청거렸고, 쑨푸가 또다시 사내아이의 뺨을 때리자 사내아이는 더 이상 움직이지 않았다. 쑨푸는 사내아이의 머리채를 확 잡아당기며 그의 고개를 치켜올렸다. 그리고 그의 얼굴에 대고 큰 소리로 소리쳤다.

"어느 손이야?"

男孩睁大眼睛看着孙福,看了一会后,他将右手伸了出来。孙福抓住他右手的手腕,另一只手将他的中指捏住,然后对四周的人说:

"要是从前的规矩,就该把他这只手打断,现在不能这样了,现在主要是教育,怎么教育呢?"

孙福看了看男孩说:"就是这样教育。"

接着孙福两只手一使劲,"咔"地一声扭断了男孩右手的中指。男孩发出了尖叫,声音就像是匕首一样锋利。然后男孩看到了自己的右手的中指断了,耷拉到了手背上。男孩一下子就倒在了地上。

孙福对四周的人说:"对小偷就要这样,不打断他一条胳膊,也要拧断他的一根手指。"

说着,孙福伸手把男孩提了起来,他看到男孩因为疼痛而紧闭着眼睛,就向他喊叫:

"睁开来,把眼睛睁开来。"

捏住 niēzhù 꽉 잡다　扭断 niǔduàn 비틀어 끊다, 자르다　匕首 bǐshǒu 비수
锋利 fēnglì (공구, 무기 등의) 끝이 날카롭다　耷拉 dāla 축 처지다, 늘어지다
拧断 nǐngduàn 비틀어 끊다

 사내아이는 눈을 커다랗게 뜨고 쏜푸를 쳐다보았다. 잠시 보다가 아이는 오른손을 내밀었다. 쏜푸는 아이의 오른손 손목을 붙잡고, 다른 손으로는 아이의 가운데 손가락을 잡았다. 그리고 주위 사람들에게 말했다.
 "만약 예전의 규율대로라면 이 녀석의 요 손을 분질러 버려야 마땅하지만, 지금은 그렇게 할 수도 없고, 요새는 주로 혼만 낸다고 하니, 어떻게 혼구멍을 낸다?"
 쏜푸는 사내아이를 쳐다보며 말했다. "그렇다면 이렇게 혼구멍을 내도록 하지."
 이어서 쏜푸는 두 손에 세게 힘을 주었다. "뚝" 하는 소리와 함께 사내아이의 오른손 가운데 손가락이 부러졌다. 사내아이는 비명을 질렀고, 그 소리는 마치 비수와도 같이 날카로웠다. 사내아이는 자신의 오른손 가운데 손가락이 부러져서 손등 밑에 축 늘어진 것을 보았다. 그리고 사내아이는 바로 땅에 쓰러졌다.
 쏜푸는 주위 사람들에게 말했다. "도둑놈에게는 이렇게 해야 해. 팔 한쪽을 분지르지는 못하더라도 이렇게 손가락 하나는 분질러야 한다고."
 말을 하며 쏜푸는 손을 뻗어 사내아이를 일으켜 세웠다. 그는 고통으로 두 눈을 꼭 감고 있는 사내아이를 바라보며 소리쳤다.
 "눈 떠, 눈 뜨란 말야."

男孩睁开了眼睛,可是疼痛还在继续,他的嘴就歪了过去。孙福踢了踢他的腿,对他说:

"走!"

孙福捏住男孩的衣领,推着男孩走到了自己的水果摊前。他从纸箱里找出了一根绳子,将男孩绑了起来,绑在他的水果摊前。他看到有几个人跟了过来,就对男孩说:

"你喊叫,你就叫'我是小偷'。"

男孩看看孙福,没有喊叫,孙福一把抓起了他的左手,捏住他左手的中指,男孩立刻喊叫了:

"我是小偷。"

孙福说:"声音轻啦,响一点。"

男孩看看孙福,然后将头向前伸去,使足了劲喊叫了:

"我是小偷!"

孙福看到男孩的血管在脖子上挺了出来,他点点头说:

"就这样,你就这样喊叫。"

사내아이는 간신히 눈을 떴지만 통증은 여전히 계속되었고, 입은 일그러져 갔다. 쑨푸는 아이의 다리를 걷어차며 말했다.

"가자!"

쑨푸는 사내아이의 멱살을 부여잡고, 아이를 자신의 과일 좌판 앞으로 끌고 왔다. 그는 종이박스 안에서 줄을 찾아내어 사내아이를 묶기 시작했다. 그리고 아이를 과일 좌판 앞에 묶어 놓았다. 그는 몇몇 사람이 따라온 것을 보자 사내아이에게 말했다.

"소리 질러. '나는 도둑놈이에요'라고 소리 지르라고."

사내아이는 쑨푸를 쳐다볼 뿐 외치지 않았다. 쑨푸는 아이의 왼손을 붙잡고 왼손 가운데 손가락을 꽉 잡았다. 그러자 사내아이는 즉시 소리치기 시작했다.

"나는 도둑놈이에요."

쑨푸는 말했다. "소리가 작잖아, 더 우렁차게."

사내아이는 쑨푸를 한번 보고는, 머리를 앞으로 쭉 내밀고, 있는 힘을 다해 외쳤다.

"나는 도둑놈이에요!"

사내아이의 목 위로 핏줄이 선 것을 보고서야 쑨푸는 고개를 끄덕이며 말했다.

"바로 그거야, 바로 그렇게 외쳐."

歪 wāi 비뚤다, 비딱하다, 기울다 绑 bǎng (끈이나 줄 따위로) 감다, 묶다, 동이다 挺 tǐng (몸이나 신체의 일부분을) 내밀다, 곧게 펴다

这天下午，秋天的阳光照耀着这个男孩，他的双手被反绑到了身后，绳子从他的脖子上勒过去，使他没法低下头去，他只能仰着头看着前面的道路，他的身旁是他渴望中的水果，可是他现在就是低头望一眼都不可能了，因为他的脖子被勒住了。只要有人过来，就是顺路走过，孙福都要他喊叫：

"我是小偷。"

孙福坐在水果摊位的后面，坐在一把有靠背的小椅子里，心满意足地看着这个男孩。他不再为自己失去一只苹果而恼怒了，他开始满意自己了，因为他抓住了这个偷他苹果的男孩，也惩罚了这个男孩，而且惩罚还在进行中。他让他喊叫，只要有人走过来，他就让他高声喊叫，正是有了这个男孩的喊叫，他发现水果摊前变得行人不绝了。

勒 lēi (단단히) 묶다, 졸라매다　靠背 kàobèi 의자의 등받이　恼怒 nǎonù 성내다, 화나게 하다　惩罚 chéngfá 징벌하다, 벌주다

이날 오후, 가을 햇살이 사내아이를 비추는 가운데 아이의 두 손은 몸 뒤로 묶여 있었고, 고개를 아래로 떨구지 못하도록 줄이 아이의 목 위로 단단히 졸라매어져 있었다. 아이는 고개를 든 채 그저 앞의 도로만 바라볼 수밖에 없었다. 옆에는 그가 그토록 먹고 싶어하던 사과가 있었지만, 지금 아이는 목이 단단히 졸라매어져 있어 고개를 수그리고 한번 쳐다볼 수조차 없었다. 사람들이 다가오기만 하면, 그저 지나가는 사람이라 할지라도 쑨푸는 사내아이에게 외치게 했다.

"나는 도둑놈이에요."

쑨푸는 과일 좌판의 뒤쪽에 등받이가 달린 작은 의자에 앉아서, 흡족한 표정으로 이 사내아이를 바라보았다. 그는 더 이상 사과 한 개를 손해 본 것에 화내지 않았다. 그는 스스로에게 만족감을 느끼기 시작했다. 그는 사과를 훔친 사내아이를 잡았고, 또 이 사내아이에게 벌도 주고, 게다가 지금도 벌을 세우고 있기 때문이다. 그는 누군가 다가오기만 하면 아이에게 큰 소리로 외치게 했다. 이 사내아이가 외치는 소리 때문에, 그의 과일 좌판 앞은 행인의 발걸음이 끊이지 않았다.

很多人都好奇地看着这个喊叫中的男孩，这个被捆绑起来的男孩在喊叫"我是小偷"时如此卖力，他们感到好奇。于是孙福就告诉他们，一遍又一遍地告诉他们，他偷了他的苹果，他又如何抓住了他，如何惩罚了他，最后孙福对他们说：

"我也是为他好。"

孙福这样解释自己的话："我这是要让他知道，以后再不能偷东西。"

说到这里，孙福响亮地问男孩："你以后还偷不偷？"

男孩使劲地摇起了头，由于他的脖子被勒住了，他摇头的幅度很小，速度却很快。

"你们都看到了吧？"孙福得意地对他们说。

这一天的下午，男孩不停地喊叫着，他的嘴唇在阳光里干裂了，他的嗓音也沙哑了。到了黄昏的时候，男孩已经喊叫不出声音了，只有咝咝的磨擦似的声音，可是他仍然在喊叫着："我是小偷。"

走过的人已经听不清他在喊些什么了，孙福就告诉他们：

"他是在喊'我是小偷'。"

많은 사람들은 소리치는 이 사내아이를 신기해하며 바라보았다. 묶여 있는 사내아이가 "나는 도둑놈이에요"라고 있는 힘껏 외치는 것을 그들은 신기해했다. 그리하여 쑨푸는 그들에게 이 아이가 그의 사과를 훔쳤고, 그가 어떻게 해서 이 아이를 잡았으며, 어떻게 벌을 주고 있는가를 한 번 또 한 번 연거푸 말했다. 끝으로 쑨푸는 그들에게 말했다.

"내가 이러는 것은 다 이 녀석을 위해서예요."

쑨푸는 이런 말로 자신을 변명했다. "내가 이렇게 하는 것은 이 애가 다시는 물건을 훔치면 안 된다는 것을 알게 하기 위해서라구요."

여기까지 말하고, 쑨푸는 큰 목소리로 사내아이에게 물었다. "너 다음에도 훔칠 거야, 안 훔칠 거야?"

사내아이는 고개를 힘차게 가로저었다. 아이의 목이 끈에 묶여 있기 때문에 고개를 크게 젓지는 못했지만, 그 속도는 매우 빨랐다.

"여러분 모두 봤지요?" 쑨푸는 의기양양하게 그들에게 말했다.

이날 오후 내내 사내아이는 멈추지 않고 계속 외쳐대서, 입술은 햇빛에 말라 다 갈라져 버렸고, 목소리 또한 다 쉬어 버렸다. 해 질 무렵이 됐을 때 사내아이는 이미 어떠한 소리도 낼 수 없었다. 단지 "끼익" 하고 마찰할 때 나는 듯한 소리만 나올 뿐이었다. 그러나 아이는 여전히 계속해서 외쳤다. "나는 도둑놈이에요."

지나가는 사람들은 이제 아이가 뭐라고 외치는지 잘 알아들을 수 없었다. 쑨푸는 그들에게 말했다.

"애는 지금 '나는 도둑놈이에요'라고 외치고 있는 겁니다."

捆绑 kǔnbǎng (사람을) 줄로 묶다　卖力 màilì 전심전력하다, 있는 힘을 다하다　干裂 gānliè 말라서 터지다, (목소리가) 쉬다　嗓音 sǎngyīn 목소리, 목청　沙哑 shāyǎ 목이 잠기다, 쉬다　磨擦 mócā 마찰(하다)

然后，孙福给他解开了绳子。这时候天就要黑了，孙福将所有的水果搬上板车，收拾完以后，给他解开了绳子。孙福将绳子收起来放到了板车上时，听到后面"扑通"一声，他转过身去，看到男孩倒在了地上，他就对男孩说：

"我看你以后还敢不敢偷东西？"

이윽고 쑨푸는 줄을 풀어 주었다. 이때 날은 어두워지고 있었다. 쑨푸는 모든 과일을 짐수레에 옮겨 놓고, 정리를 한 후에 줄을 풀어 주었다. 쑨푸가 줄을 거둬 짐수레에 실었을 때, 뒤에서 "쿵" 하는 소리가 들렸다. 그가 돌아서서 보니 사내아이가 땅에 쓰러져 있었다. 그는 사내아이에게 말했다.

"내가 너 앞으로도 물건 훔치는지 두고 볼 거야!"

解开 jiěkāi (끈, 보따리, 단추, 매듭 따위를) 풀다, 끄르다　板车 bǎnchē 큰 짐수레　收拾 shōushi 수습하다, 거두다, 치우다

说着，孙福骑上了板车，沿着宽阔的道路向前骑去了。男孩躺在地上。他饥渴交加，精疲力竭，当孙福给他解开绳子后，他立刻倒在了地上。孙福走后，男孩继续躺在地上，他的眼睛微微张开着，仿佛在看着前面的道路，又仿佛是什么都没有看。男孩一动不动地躺了一会以后，慢慢地爬了起来，又靠着一棵树站了一会，然后他走上了那条道路，向西而去。

男孩向西而去，他瘦小的身体走在黄昏里，一步一步地微微摇晃着走出了这个小镇。有几个人看到了他的走去，他们知道这个男孩就是在下午被孙福抓住的小偷，但是他们不知道他的名字，也不知道他来自何处，当然更不会知道他会走向何处。他们都注意到了男孩的右手，那中间的手指已经翻了过来，和手背靠在了一起，他们看着他走进了远处的黄昏，然后消失在黄昏里。

饥渴 jīkě 기아와 갈증 ｜ 交加 jiāojiā 한꺼번에 오다[닥치다], 겹치다 ｜ 精疲力竭 jīng pí lì jié 기진맥진하다

말하며 쑨푸는 짐수레에 올라탔고, 드넓은 도로를 따라 앞을 향해 페달을 밟았다. 사내아이는 땅바닥에 누워 있었다. 배고픔과 갈증이 밀려온 데다 기진맥진하여, 쑨푸가 밧줄을 풀어 주었을 때 아이는 곧바로 바닥에 쓰러졌다. 쑨푸가 간 후에도 사내아이는 계속 땅바닥에 누워 있었다. 아이는 눈을 가늘게 뜨고 있었는데, 마치 앞의 도로를 바라보는 것도 같았고, 아무것도 바라보지 않는 것도 같았다. 사내아이는 꼼짝 않고 한참을 그대로 누워 있다가, 천천히 일어나 나무 곁에 기대어 잠시 서 있었다. 그리고 도로로 나가 서쪽을 향해 걸어갔다.

 사내아이는 서쪽을 향해 걸어갔다. 아이의 작고 야윈 몸이 황혼 속을 걸어가고 있었다. 한 발 한 발 몸을 비틀거리며 이 작은 마을을 벗어나고 있었다. 몇몇 사람이 아이가 걸어가는 것을 보았다. 그들은 이 사내아이가 오후에 쑨푸에게 잡힌 그 도둑아이라는 것을 알았다. 그러나 그들은 이 아이의 이름을 알지 못했으며, 또한 이 아이가 어디서 왔는지 알지 못했다. 물론 이 아이가 어디로 가는지는 더더욱 알 리가 없었다. 그들은 모두 사내아이의 오른손을 유심히 쳐다보았다. 가운데 손가락은 이미 완전히 뒤집어져 손등과 맞붙어 있었다. 그들은 이 아이가 멀리 황혼 속으로 사라지는 것을 보고 있었다.

　　这天晚上，孙福像往常一样，去隔壁的小店打了一斤黄酒，又给自己弄了两样小菜，然后在八仙桌前坐下来。这时，黄昏的光芒从窗外照了进来，使屋内似乎暖和起来了。孙福就坐在窗前的黄昏里，慢慢地喝着黄酒。

　　在很多年以前，在这一间屋子里，曾经有一个漂亮的女人，还有一个五岁的男孩，那时候这间屋子里的声音此起彼伏。他和他的妻子，还有他们的儿子，在这间屋子里没完没了地说着话。他经常坐在屋内的椅子里，看着自己的妻子在门外为煤球炉生火，他们的儿子则是寸步不离地抓着母亲的衣服，在外面尖声细气地说着什么。

　　后来，在一个夏天的中午，几个男孩跑到了这里，喊叫着孙福的名字，告诉他，他的儿子沉入到了不远处池塘的水中了。他就在那个夏天的中午里狂奔起来，他的妻子在后面凄厉地哭喊着。然后，他们知道自己已经永远失去儿子了。到了晚上，在炎热的黑暗里，他们相对而坐，呜咽着低泣。

이날 밤, 쑨푸는 평상시와 마찬가지로 옆집 구멍가게에서 황주를 한 근 샀고, 반찬 두 가지를 만들어 상 앞에 앉았다. 이때 황혼녘 빛줄기가 창 밖에서 새어 들어와 집이 훈훈해졌다. 쑨푸는 창가 앞 황혼 속에 앉아 천천히 황주를 마셨다.

아주 여러 해 전에 이 집에는 예쁜 여인과 다섯 살 난 사내아이가 있었다. 그때 이 집안 여기저기서는 이야기 소리가 끊이지 않았다. 그와 그의 아내, 그리고 이들의 아들은 이 집에서 도란도란 끝없이 이야기꽃을 피우고 있었다. 그는 늘 집안의 의자에 앉아 그의 아내가 문 밖 아궁이에다 불을 지피는 것을 바라보았다. 그들의 아이는 엄마에게서 잠시도 떨어지지 않고 엄마의 옷을 붙잡고는 앙칼진 목소리로 무엇인가를 투정부리곤 했다.

훗날 어느 여름날 정오, 몇몇 사내아이들이 이곳으로 뛰어와 쑨푸의 이름을 부르며, 그에게 그의 아들이 근처 연못에 빠졌다고 알려 주었다. 그는 그 여름날 정오에 미친 듯이 달리기 시작했고, 그의 아내는 뒤에서 처참하게 울부짖고 있었다. 그런 후에 그들은 자신들이 이제는 영원히 아들을 잃어버렸다는 것을 알았다. 밤이 되어, 무더운 어둠 속에서, 그들은 마주보고 앉아 낮은 소리로 흐느껴 울었다.

打 dǎ (달아서 파는 술, 간장, 식용유 따위를) 사다, 받다, 때리다 ▫ 八仙桌 bāxiānzhuō 팔선상 ▫ 光芒 guāngmáng 빛발, 빛 ▫ 此起彼伏 cǐ qǐ bǐ fú 끊임없이 기복하다, 여기저기서 일어나다 ▫ 没完没了 méi wán méi liǎo 한도 없고 끝도 없다 ▫ 煤球 méiqiú 알탄 ▫ 寸步不离 cùn bù bù lí 조금도 곁을 떠나지 않다 ▫ 尖声 jiānshēng 앙칼진 목소리, 새된 목소리 ▫ 凄厉 qīlì (소리가) 처참하고 새되다, 처량하고 날카롭다 ▫ 呜咽 wūyè 오열하다, 흐느껴 울다

再后来，他们开始平静下来，像以往一样生活，于是几年时间很快就过去了。到了这一年的冬天，一个剃头匠挑着铺子来到了他们的门外，他的妻子就走了出去，坐在了剃头匠带来的椅子里，在阳光里闭上了眼睛，让剃头匠为她洗发、剪发，又让剃头匠为她掏去耳屎，还让剃头匠给她按摩了肩膀和手臂。她感到自己的身体从来没有像那天那样舒展，如同正在消失之中。因此她收拾起了自己的衣服，在天黑以后，离开了孙福，追随剃头匠而去了。

就这样，孙福独自一人，过去的生活凝聚成了一张已经泛黄了的黑白照片，贴在墙上，他、妻子、儿子在一起。儿子在中间，戴着一顶比脑袋大了很多的棉帽子。妻子在左边，两条辫子垂在两侧的肩上，她微笑着，似乎心满意足。他在右边，一张年轻的脸，看上去生机勃勃。

剃头匠 tìtóujiàng 이발사　掏耳屎 tāo ěrshǐ 귀지를 후비다　舒展 shūzhǎn (심신이) 편안하다, 쾌적하다　追随 zhuīsuí 뒤쫓아 따르다　凝聚 níngjù 응집하다, 맺히다　辫子 biànzi 땋은 머리　生机勃勃 shēngjī bóbó 생기발랄하다

　훗날, 그들은 평온해져 전과 같은 생활을 하게 되었고, 그리고는 몇 년의 시간이 훌쩍 지나갔다. 그 해 겨울, 떠돌이 이발사가 도구를 메고 그들 집 문 밖에 왔을 때, 그의 아내는 밖으로 나가 이발사가 가져온 의자에 앉았다. 그녀는 햇빛 아래에서 눈을 감고 이발사에게 머리를 감고 자르게 했다. 또 그녀는 이발사에게 귀지를 파내고, 어깨와 팔을 안마하게 했다. 그녀는 이제껏 이렇게 편안함을 느껴본 적이 없었다. 마치 몸이 공기 속으로 사라질 것만 같은 개운한 느낌이었다. 그래서 그녀는 자신의 옷가지를 정리하여, 날이 어두워진 후에 쑨푸를 떠나 이발사를 따라갔다.

　이리하여 쑨푸 혼자만 남게 되었다. 과거의 생활들은 빛 바랜 한 장의 흑백사진 속에 맺혀 있다. 그와 아내, 아들은 함께 벽에 나란히 붙어 있다. 아들은 중간에 있는데, 자기 머리보다 훨씬 큰 면모자를 쓰고 있다. 아내는 왼쪽에 있는데, 두 갈래로 땋은 머리를 양 어깨에 드리우고, 흐뭇한 미소를 짓고 있다. 그는 오른쪽에 있는데, 젊은 얼굴에 생기가 넘쳐흐른다.

연습문제 1

1 본문을 읽고 다음 물음에 답하시오.

(1) 男孩的身体"迟疑不决"地离开水果摊是因为 ——
   A. 他已经饿坏了，身体都不听使唤了
   B. 苹果的诱惑太大了，他实在舍不得走开
   C. 他还在期望着卖水果的老头能施舍给他一个苹果

(2) 男孩为何要像挤牙膏似的一点一点地把苹果吐出来？
   A. 他太饿了，实在舍不得把到嘴的食物再吐出来
   B. 他觉得很丢人，所以不好意思一口吐出来
   C. 他很不愿意吐出嘴里的苹果，但又无可奈何

(3) 为什么孙福要如此严厉地惩罚这个男孩？
   A. 他痛恨偷东西的小偷们
   B. 他想在那些熟悉的面孔前展示一下自己的威风
   C. 男孩的无力抵抗让他觉得很得意

(4) 在孙福看来该如何处罚小偷？
   A. 把偷东西的手打断，让他下次再不敢偷东西
   B. 要狠狠地惩罚，毫不手软
   C. 说服教育

(5) 围观的人们对什么感到好奇？

　　A. 人们好奇这个男孩竟如此卖力地喊"我是小偷"

　　B. 人们好奇的是这个男孩为何喊"我是小偷"

　　C. 人们是对这个男孩为何喊叫感到好奇

(6) 孙福为何要一遍遍地向人们解释经过？

　　A. 避免被不明原委的人误会

　　B. 向周围的人炫耀自己的功劳

　　C. 为自己惨忍的行径披上貌似正义的外衣

2　본문의 내용과 일치하면 ○, 다르면 ×표를 하시오.

(1) 孙福是一个五十多岁靠卖水果为生的老头。（　　）

(2) 男孩倒在地上马上就用双手抱住自己的头，可见他已经是很有挨打的经验了。（　　）

(3) 孙福为自己亲手抓住了小偷感到兴奋。（　　）

(4) 孙福认为是小偷给大家的生活带来了不幸。（　　）

(5) 从文中可以看出阳光可以穿透窗户，却穿不透人的冰冷的心。（　　）

(6) 孙福在忍受着自己的不幸，但同时他又亲手制造着别人的新的不幸。（　　）

3 녹음을 듣고 빈칸에 들어갈 말을 써 넣으시오.

(1) 男孩吓了一跳，他的身体迟疑不决地(　　)了几下，然后两条腿(　　)了。

(2) 接着孙福两只手一(　　)，"咔"地一声(　　)了男孩右手的中指。

(3) 这个被(　　)起来的男孩在喊叫"我是小偷"时如此(　　)，他们感到好奇。

(4) 他(　　)交加，(　　　　)，当孙福给他解开绳子后，他立刻倒在了地上。

(5) 他们的儿子则是(　　　　)地抓着母亲的衣服，在外面(　　　　)地说着什么。

4 다음 문장을 자연스러운 우리말로 옮기시오.

(1) 他拼命向前跑，他气喘吁吁，两腿发软，他觉得自己快要跑不动了。

⋯▶

모범답안 191페이지

(2) 男孩睁开了眼睛，可是疼痛还在继续，他的嘴就歪了过去。

⋯▸

(3) 他的双手被反绑到了身后，绳子从他的脖子上勒过去，使他没法低下头去。

⋯▸

5 다음 문장을 자연스러운 중국어로 옮기시오.

(1) 바로 이 손이야. 그렇지 않다면 그가 왜 이렇게 빨리 숨기겠어······.

⋯▸

(2) 뒤에서 "쿵" 하는 소리가 들렸다. 그가 돌아서서 보니 사내아이가 땅에 쓰러져 있었다.

⋯▸

작가 소개 **위화(余华)**

1960년 항저우(杭州) 태생. 의사 부모 밑에서 비교적 유복한 유소년기를 보낸 후, 부모와 마찬가지로 의사의 길을 걷는다. 5년간 치과의사로 활동한 후 문학가의 길로 전환을 하게 된 것은 1983년 『第一宿所』를 발표하면서부터이다. 그 후 실험성이 강한 중·단편을 여러 작품 선보이며 중국 문단에 제 3세대 문학을 대표하는 중진작가로 급부상하게 된다. 특히 그의 장편소설 『在细雨中呼喚』, 『活着』, 『许三观卖血记』는 우리나라에서도 번역 출판되어 위화 마니아층을 형성하였다. 그중 『活着』는 장이모우(张艺谋) 감독에 의해 영화화되어(한국 개봉 제목 「인생」) 칸 영화제 황금종려상을 수상하기도 하였다.

작품 해설 『황혼 속의 사내아이』는 위화의 전기 작품 중 한 편으로, 우리에게 익숙한 '휴머니즘'으로 대변되는 그의 후기 작품들과는 전혀 다른 성격의 작품이다. 길거리에서 과일을 파는 쑨푸라는 남자가 사과를 훔쳐 달아나던 소년을 잡아, 매우 가학적이고 잔인한 방법으로 소년을 벌준다. 소년의 손가락 하나를 부러뜨리는 것도 모자라, 밧줄로 소년의 목과 손을 동여매어 자신의 짐수레 앞에 묶어 놓고 지나가는 사람들에게 자신이 도둑놈이라고 외치게 한다. 쑨푸는 온종일 소년을 이렇게 학대하며, 그 속에서 묘한 만족감과 희열을 느낀다. 쑨푸에게는 일말의 온정이나 휴머니즘도 찾아볼 수 없다. 사과 한 개 때문에 헐벗고 굶주린 어린 소년을 학대하고 폭력을 행사하는 인간의 잔인성만 보일 뿐이다. 더욱이 쑨푸가 소년의 손가락을 부러뜨리는 과정에서 주변에 모여든 사람들 중 어느 누구도 쑨푸를 말리려 하지 않는다. 군중들은 호기심에 찬 시선으로 그저 묵묵히 바라볼 뿐이다. 쑨푸만이 가해자가 아닌 것이다. 방관하고 심적으로 이를 방조한 군중 모두가 가해자인 것이다. 아주 짧은 단편소설이지만 작가는 우리에게 진지한 성찰을 요구한다. 내가 비록 어느 누군가의 직접적인 가해자는 아닐지라도 나 또한 침묵하는 대다수 군중들처럼 이를 방조하고 모종의 희열을 느끼는 가해자는 아닐런지…….

照片

사진

我刚进大学的头一年,对学校的环境和人都还很陌生,我也不是那种用功于学业的好学生,每天早上的第一节课总是要迟到。那时我二十岁,正处在血气方刚的年龄,对于将来没什么打算,头脑里只有一些乱七八糟的性幻想。当时我住的那栋楼叫"十舍",在操场的边上。已经进入晚秋的一天下午,和我同宿舍的小苏州端着一架海鸥牌照相机,为我拍了几张黑白照片,其中一张我靠在我们宿舍的窗户旁,面向操场和夕阳。我独自一人,或朋友来玩时,翻开影集,总会看到这一张。

내가 대학에 입학한 첫해, 학교의 환경과 사람들이 아직은 매우 낯설었다. 나는 열심히 공부하는 그런 모범생도 아니어서, 매일 아침 1교시 수업은 항상 지각을 했다. 그때 나는 스무 살의 혈기왕성한 나이였고, 장래에 대해 어떠한 계획도 없었으며, 머릿속은 온통 성(性)에 대한 환상으로 가득 차 있었다. 당시 내가 머물던 기숙사인 10동은 운동장 옆에 있었다. 늦가을로 접어든 어느 오후, 나와 같은 기숙사에 사는 샤오쑤저우는 하이오우표 사진기를 들고 와서 내게 흑백사진 몇 장을 찍어 주었다. 그중 한 장은 내가 기숙사 창가에 기대어 운동장과 석양을 바라보는 모습이었다. 나는 혼자 있거나 친구들이 놀러 올 때면 앨범을 펼치곤 하는데, 그럴 때면 항상 이 사진을 보게 된다.

陌生 mòshēng 생소하다, 낯설다 **血气方刚** xuè qì fāng gāng 혈기가 왕성하다 **乱七八糟** luàn qī bā zāo 엉망진창이다, 아수라장이다, 혼잡하다 **苏州** Sūzhōu 지명[여기서는 인물의 이름 대신 애칭형태로 지역명을 써서 사용하였음] **海鸥** hǎi'ōu 갈매기

现在大学生活已经过去六年了，我回过头看它时，真是感到有些陌生了，而且大学的遗物也在渐渐失去，如那时我上课记的几十本笔记现在已找不到几本，失去的原因是它们的作用日趋暗淡，加上几乎每年一次的搬迁，很多无用的东西被当做垃圾清理，这种情况下笔记当然难逃劫数。随着年岁增长，我倍加珍惜这张黑白照片，也是必然的。

一九九五年十一月的我，是一个偶尔被人称作诗人，偶尔也自以为是个诗人的三十岁的人。我写第一首诗的时间在高中，第一次公开发表诗的时间也是在高中。不过那是发表在校刊上，读者也局限于当时在校的学生。上了大学，我因对所学专业无甚兴趣，在课余我就又操持起诗歌写作。

日趋 rìqū 날로, 나날이　搬迁 bānqiān 이전하다, 이사하다　当作 dàngzuò ~로 여기다, ~로 간주하다　垃圾 lājī 쓰레기　难逃 nántáo 벗어나기 어렵다, 피할 수 없다　劫数 jiéshù 액운　倍加 bèijiā 더더욱, 훨씬　操持 cāochí 꾸리하다, 계획·준비하다

지금은 대학생활을 한 지도 어느덧 6년이 지났다. 되돌아보면 조금은 낯설게 느껴진다. 게다가 대학시절 물건들도 하나둘씩 잃어버려, 당시 수업시간에 필기했던 몇십 권의 노트들도 이젠 몇 권 남지 않았다. 잃어버리게 된 이유는, 점차 그것들의 필요성이 희박해진 데다, 거의 해마다 한 차례씩 이사를 해서 쓰지 않는 많은 물건들은 쓰레기로 처분되었기 때문이다. 이런 상황에서 노트는 당연히 화를 면키 어려웠다. 나이를 먹어 가면서 내가 이 흑백사진을 각별히 소중히 여기는 것은 어찌 보면 당연하다 하겠다.

1995년 11월의 나는, 간혹 사람들로부터 시인이라 불리고, 이따금은 나 스스로도 시인이라고 생각하는 서른 살의 남자이다. 내가 처음으로 시를 쓴 것은 고등학교 시절이었고, 또 처음 시를 공개 발표한 것도 고등학교 때였다. 그러나 그것은 그저 학교 간행물에 발표한 것이었고, 독자층 또한 그 당시 학교에 재학 중인 학생들로 국한되어 있었다. 대학에 들어가서 나는 내 전공에 흥미를 갖지 못해, 수업외 시간에는 시를 구상하고 습작을 했다.

我有高中时的经验和底子，一首叫"湖边"的写景诗很顺利地在"艾略特"诗社社刊登载出来，我们班的生活委员把那本崭新的油印册子从信箱传达到我手中时，我曾小小地激动了一把。接着我被告知在某月某日某时去校学生会领取"湖边"的稿酬二元。就是在那里我认识了第一个在某种意义上志同道合的和在某种意义上可以称做朋友的人，他有一首写毕业生的诗与我的诗发在同一期，此刻也是来取稿酬的，他的名字叫杨广。我们从学生会出来，就一起往校园外走去。在路上我们透露了各自的背景，那时我们认为这是博得朋友信任的唯一也是最佳的手段。

고등학교 시절에 쌓은 문학적 경험과 기초 덕에 「호숫가」라는 풍경을 묘사한 시가 순조롭게 「엘리트」라는 시사의 간행물에 실리게 되었다. 우리 반 생활위원이 깔끔하게 인쇄된 잡지책을 우편함에서 가져다 내게 건네 주었을 때, 나는 약간 감격했다. 그런 후 나는 모월 모일 모시 학교 학생회관에 가서 「호숫가」에 대한 원고료 2위엔을 받으라는 말을 전해 들었다. 바로 그곳에서 나는 마음이 잘 맞고 생각이 서로 통하는, 친구라 할 만한 사람을 만나게 되었다. 그가 쓴 졸업생에 대한 시가 나와 같은 호에 발표되었는데, 이때 그 또한 원고료를 받으러 온 길이었다. 그의 이름은 양광이었다. 우리들은 학생회관에서 나와 학교 밖으로 같이 걸어갔다. 길에서 우리는 서로 각자 자신에 대해 털어놓았다. 그때 우리는 이렇게 하는 것이 친구끼리 신뢰를 쌓을 수 있는 유일하면서도 또 가장 좋은 방법이라고 생각했다.

底子 dǐzi 기초　诗社 shīshè 시인들이 조직한 문학적 단체, 시사　登载 dēngzǎi (신문 등에) 싣다, 게재하다　崭新 zhǎnxīn 참신하다, 아주 새롭다　领取 lǐngqǔ (발급한 것을) 받다, 수령하다　稿酬 gǎochóu 원고료　志同道合 zhì tóng dào hé 의기투합하고 지향하는 바가 맞다　透露 tòulù (말이나 문장 가운데) 분명하게 밝히다　博得 bódé (호감, 동정 따위를) 얻다

穿过好几条小路,我们来到省美术馆,杨广请我看了一场画展。看完已是黄昏,我们又沿着来时的方向继续往前走,在一家路边小摊子上,每人吃一碗面条权作晚饭。现在我还记得那首写毕业生的诗,其中一些句子如,日光灯交错着他们的理想,他们背着沉重的大书包,就像背着他们的前途,等等。

我们认识以后就经常往对方宿舍跑。下午没课的时候,我总去他那儿绕一下,有时他不在,他在的话,就会给我沏一杯茶,递给我一支烟,关心关心我的学习情况。他宿舍里有一个瘦子特别引人注目,我几乎每次都看到他和一个女孩钻在蚊帐里,他们还有不到一年就要离开学校,很多想法就与像我这样初进大学的人不一样。杨广也有一个女朋友,模样有种说不出来的味道,我不是讲她丑,她脑后扎着一束头发,眼睛也蛮大的,身材也属苗条的那个类型,衣妆打扮还算新潮。我对她的感觉可能与她总是不大理我有关。

길을 여러 개 지나서 우리는 성(省)에서 운영하는 미술관에 도착했다. 양광은 나에게 미술전시회를 보여 주었다. 관람이 끝났을 때는 이미 해질 녘이었다. 우리는 가던 방향으로 계속 걸어갔다. 길가 조그만 노점에서 우리는 국수 한 그릇씩으로 저녁을 때웠다. 지금도 나는 졸업생에 대해 쓴 그 시가 기억난다. 그중의 몇 구절은 아마도 '가로등 불빛에 그들의 꿈과 이상이 아로새겨 있다. 그들은 묵직한 책가방을 메고 있다. 마치 그들의 미래를 짊어지고 있는 것처럼' 등등이었다.

우리는 서로 알게 된 후부터 자주 상대방 기숙사를 드나들었다. 오후에 수업이 없을 때, 나는 항상 그가 있는 곳에 들렀다. 때때로 그가 기숙사에 없기도 했지만, 기숙사에 있을 때면 그는 내게 차를 타 주고, 담배도 주고, 공부는 잘 되는지 물어보곤 했다. 그의 기숙사에 있는 말라깽이 한 명이 유난히 눈에 띄었다. 나는 거의 항상 그가 여자와 함께 모기장이 쳐진 침대 안에 들어가 있는 것을 보았고, 1년이 채 안 돼 그들은 학교를 떠나려 하였다. 나처럼 갓 대학에 들어온 사람과 그들의 생각은 많이 달랐다. 양광에게도 여자친구가 있었는데 생김새는 뭐라 말하기 어려운 그런 느낌이었다. 그렇다고 그녀가 못생겼다는 말은 아니다. 그녀는 머리를 뒤로 묶었고, 눈은 매우 컸으며, 몸매 또한 날씬한 편에 속했고, 옷 입는 거며 화장하는 것 모두 그런대로 세련된 편이었다. 그녀에 대한 내 느낌은 아마도 그녀가 늘 내게 별다른 관심을 두지 않던 것과 관계가 있었을 것이다.

穿过 chuānguò 빠져 나가다, 통과하다   权作 quánzuò 임시로 ~삼다   交错 jiāocuò 뒤얽히다, 서로 뒤섞여 엇갈리다   绕 rào 빙빙 돌다   沏茶 qīchá 차를 우리다, 차를 타다   钻 zuān 뚫다, 뚫고 들어가다   蚊帐 wénzhàng 모기장   扎 zā 묶다, 매다   蛮 mán 매우, 아주   苗条 miáotiao (여성의 몸매가) 날씬하다, 호리호리하다   新潮 xīncháo 새로운 풍조, 경향   不理 bùlǐ 거들떠보지 않다, 아랑곳하지 않다, 무시하다, 아는 척하지 않다

每次不管在我前面还是在我后面到，她都旁若无人地端张凳子放在杨广的两腿之间，我一见她就识相地与杨广再见。杨广对我说过他爱这个女孩。他也说他喜欢南京这个城市，想通过谈朋友这个途径留在南京。这两者当然并不冲突。不过最后他与那女孩分手了，他本人也没能留成南京，这两个结果之间也并没有多少联系。

我的写诗热情日趋高涨，隔一两天我将写成的诗拿给杨广，他认真读后，会给我提一些意见，这些意见我大都忘了，我只记得他评完我的诗，偶尔从抽屉里翻出一本大号日记本，那上面有他大学时全部的诗，包括那首写毕业生的。我说不清他在写作上对我产生过什么启发。但启发肯定是有的，也许不那么具体，也许是一种气息，一个声音，一些面部动作，或人与人在一起时那种奇妙的影响。然后通过这些再作用于我的写作。

识相 shíxiàng 분별 있게 굴다, 눈치를 보아 행동하다, 약삭빠르게 굴다 途径 tújìng 경로, 절차, 수단 高涨 gāozhǎng (물가, 수치 따위가) 뛰어오르다, 고조하다 启发 qǐfā 계발, 계몽, (슬기와 재능을) 일깨워 주다 气息 qìxī 기운, 기백, 정신[주로 추상적인 사물에 쓰임]

매번 그녀는 나보다 먼저 왔건 나중에 왔건 개의치 않고 마치 옆에 아무도 없는 듯 의자를 들고와서 양광의 두 다리 사이에 놓았다. 그래서 나는 그녀를 보면 알아서 눈치껏 양광에게 작별인사를 했다. 양광은 내게 그녀를 사랑한다고 말했다. 그는 또 난징이라는 이 도시를 좋아하며, 그녀와의 연애를 통하여 난징에 머무르고 싶다고 했다. 물론 이 둘은 전혀 상충하지 않는다. 그러나 결국 그는 그녀와 헤어졌고, 또한 난징에 남지 못하긴 했지만, 이 두 결과 사이에는 결코 일말의 연관도 없었다.

 시 쓰는 일에 대한 나의 열정은 나날이 깊어져만 갔고, 하루이틀 간격으로 나는 내가 쓴 시를 양광에게 보여 주었다. 그는 진지하게 읽고 나서 내게 몇 가지 의견을 말해 주었다. 그가 말한 내용들은 거의 다 잊었지만, 그가 내 시를 평가한 후 가끔 서랍 속에서 꺼내던 커다란 일기장만은 기억한다. 그 안에는 졸업생에 관한 시를 포함해 그가 대학 시절 써 놓은 모든 시가 들어 있었다. 그가 나의 창작활동에 어떤 영향을 끼쳤는지 꼬집어 말할 수는 없다. 그러나 그는 나에게 분명히 영향을 끼쳤다. 어쩌면 그렇게 구체적인 것은 아닐 수도 있지만, 아마도 일종의 분위기나 목소리, 어떤 얼굴 표정, 혹은 사람과 사람이 함께 있을 때의 그 묘한 영향력이라든지 하는 것일 거다. 그리고 이러한 것들은 다시 나의 창작에 새로운 작용을 했다.

那时我还缺乏写作经验，连生活经验也很缺乏，总的来说在各方面都是个学徒。我们在一起彼此都没有任何负担，这也是我们相互吸引和愿意交往的原因。现在我认为我在大学时代没写出一首像样的诗，但这是另一码事。杨广通过发表他诗的一家本市杂志结识了一些人，其中一个女诗人与他处得最好，这个女诗人写过几首赞美女性的诗，曾经引起轰动。一天杨广带着我去她家拜访。我们先在食堂吃好晚饭，再回到他宿舍坐了一会，大概七点多钟，杨广从车棚里推出自行车，我坐在车子的后架上，他带着我经过市中心，来到一个大院子。看门老头把我们吆喝下了车，我们一直往里走，在一排平房中的一间门口停下，窗户里黑乎乎的，杨广敲了几下门，没有动静，他又将耳朵凑在门上听了一会，我看到门前的铁丝上晾着几条短裤，是女人的裤衩，窗台上搁着两双皮鞋。这时候是秋天，天的正中央挂着一轮满月。我们只好作罢。

그때 나는 아직 창작 경험이 모자랐고, 생활 경험 또한 많이 부족했다. 종합적으로 말해 나는 모든 방면에서 실습생이었다. 우리는 함께 있으면서 서로 어떠한 부담도 없었다. 이것도 우리가 서로에게 끌리고 사귀게 하는 원인이 되었다. 지금 생각해 보면 대학 시절에 나는 그럴듯한 시 한 편 쓰지 못했지만, 이것은 별개의 문제. 양광은 그가 시를 발표한 잡지를 통해 몇몇 사람들과 사귀었는데, 그중 한 여류 시인과 유독 잘 지냈다. 이 여 시인은 여성을 찬미하는 몇 편의 시를 써서, 일찍이 센세이션을 일으켰다. 하루는 양광이 나를 데리고 그녀의 집을 방문했다. 우리는 먼저 식당에서 저녁을 먹고, 그의 기숙사로 가서 잠시 앉았다가, 대략 7시쯤 자전거 차고에서 자전거를 끌고 나왔다. 나는 자전거 뒷좌석에 앉았다. 그는 나를 태우고 시내 중심가를 지나서 한 동네로 데리고 갔다. 문지기 노인이 우리를 보고 자전거에서 내리라고 고함쳤지만 우리는 계속 안쪽으로 들어갔고, 일렬로 서 있는 단층집 중 어느 입구에 멈추어 섰다. 창문 안은 어두컴컴했다. 양광이 몇 차례 문을 두드렸지만 인기척이 없자, 그는 문에다 귀를 대고 잠시 귀기울였다. 나는 문 앞 철사 줄 위에 짧은 팬츠 몇 개가 걸려 있는 것을 보았는데, 그것은 여자의 팬티였다. 창턱에는 구두가 두 켤레 놓여 있었다. 때는 바야흐로 가을이었고 하늘 한가운데에는 둥그런 달이 걸려 있었다. 우리는 포기하는 수밖에 없었다.

像样 xiàng yàng 어떤 수준에 도달하다, 그럴듯하다, 보기 좋다 | **一码事** yì mǎ shì 같은 일, 마찬가지, 하나의 일[문제, 조건] | **结识** jiéshí 사귀다 | **轰动** hōngdòng 센세이션을 불러일으키다, 파문을 일으키다 | **吆喝** yāohe 고함치다, 큰 소리로 외치다 | **凑** còu 접근하다, 다가가다 | **裤衩** kùchǎ 팬티, 잠방이 | **作罢** zuòbà 그만두다, 손을 떼다

然后在另一天的同一个时刻我们敲开了女诗人的门，她正在熨裤子，见我们进来放下手里的活计。实际上她长得一点不漂亮，但在我们的注视下，显得有点怡然自得和矫情做作。与女诗人的谈话持续了两个小时，在这段时间里我基本上是一个陪衬，对他们来说是个既存在（我坐在他们旁边）又不存在（我在他们谈话之外）的影子。人之间的关系就是这样，有时候无意中你就闯入了别人的生活，有时候你再怎么渴望或努力，也无法接近他。我想不起那天晚上杨广和女诗人谈了些什么，但女诗人拿出她远在天津的丈夫和女儿的照片给我们看，当我们刚坐下来时给我们削苹果，偶尔拢一下头发，抬一抬下颚，这些动作我确定无疑是记得的。我们在女诗人家那张破旧的嘎吱作响的长沙发上，度过了一个无聊的晚上。

다른 날 같은 시각에 우리는 또 여 시인의 집 문을 두드렸다. 그녀는 마침 바지를 다리고 있었는데, 우리가 들어오는 것을 보고 하던 일을 멈추었다. 사실 그녀는 조금도 예쁘게 생기지 않았다. 그러나 우리가 그녀에게 관심을 보이자 흐뭇해하며 우쭐대는 듯 보였다. 여 시인과의 대화는 두 시간이나 계속되었다. 이 시간 동안 나는 그저 들러리에 불과했다. 그들에게 있어 나는 존재하면서도(나는 그들 옆에 앉아 있었다) 존재하지 않는(나는 그들의 대화 밖에 있었다) 그림자 같은 것이었다. 인간 사이의 관계란 바로 이렇다. 때로는 의도하지 않게 다른 사람의 생활 속으로 뛰어 들어가게 되고, 때로는 아무리 원하고 노력해도 그 사람에게 가까이 다가갈 수 없다. 나는 그날 저녁 양광과 그녀가 무슨 이야기를 나누었는지 생각나지 않는다. 그러나 그 여 시인이 멀리 톈진에 있는 그녀의 남편과 딸아이의 사진을 꺼내 보여 주었던 일, 우리가 막 자리에 앉았을 때 우리에게 사과를 깎아 주던 거며, 가끔씩 머리를 매만지거나 턱을 살짝 들어올리곤 했던 행동들을 생생하게 기억한다. 우리는 여 시인의 집에 있는 그 삐걱삐걱 소리를 내던 낡은 소파에 앉아 무료한 저녁을 보냈다.

熨 yùn 다리다, 다림질하다   活计 huóji (바느질·자수·수예 따위의) 일   怡然自得 yírán zìdé 기뻐하며 만족하다   矫情 jiǎoqíng 경우에 맞지 않게 행동하면서도 우쭐대다   做作 zuòzuo 가식하다, 꾸밈, 행동   陪衬 péichèn 돋보이게 하는 물건   闯入 chuǎngrù 뛰어들다, 느닷없이 난폭하게 들어가다   削 xiāo (과일 따위의) 껍질을 벗기다, 깎다   拢 lǒng (머리 등을) 빗다, 다듬다, 빗질하다   下颚颏 xià'ė (아래)턱   嘎吱 gāzhī 삐걱삐걱[물건이 압력을 받아 나는 소리]

杨广是热情的，富有朝气的，他真诚地把我当作一个朋友看待，从不在我面前发火，很温和而耐心。一次他对我说："我脾气不好的时候你没看到，实际上我对人的要求是很苛刻的，即使我的女朋友我也经常骂她。"那时我没有领教过他说的这种样子。

这里需要解释的是，现在我和杨广已彻底断绝了交往。断交的原因是我写给他的一封信。是我主动要与他断交的，时间距我认识他两年，距他从学校毕业一年。自从我认识他以后，我的心思都在写诗上，学业渐渐荒废，考试成绩日下。我虽然有所察觉，但却难以自拔。他毕业后，我与他的书信来往依然很频繁，经过他的推荐，我在那家正规杂志上也发表了几首诗。后来我也单独去过女诗人家几次，每次都被女诗人当作傻子一样教训。这些使我对现实的不满被无可遏止地放大，我也循着惯性越走越远，终于来到了生存的边缘。

朝气 zhāoqì 생기, 패기　苛刻 kēkè (조건, 요구 등이) 너무 지나치다, 가혹하다　领教 lǐngjiào 가르침을 받다, 겪다, 맛보다　荒废 huāngfèi 등한시하다, 소홀히 하다　难以自拔 nán yǐ zì bá (고통이나 죄악에서) 스스로 벗어나기 어렵다　无可遏止 wú kě è zhǐ 억제할 수 없다　循 xún (규칙·순서·인습·관례 따위를) 따르다, 준수하다　边缘 biānyuán 한계선, 더 이상의 여지가 없는 상태

　양광은 열정적이고 활력이 넘치는 사람이었으며, 진정으로 나를 친구로서 대해 주었다. 그는 결코 내 앞에서 화를 내지 않았으며 매우 온화하고 인내심이 많았다. 한번은 그가 내게 말했다. "자네는 내가 성질부리는 것을 못 봤을 거야. 사실 나는 사람에 대한 요구가 매우 엄격한 편이야. 내 여자친구라도 나는 항상 야단치곤 해." 그때 나는 그가 말하는 이런 모습을 겪어 보지 못했다.

　여기서 밝혀야 할 것은, 지금 나와 양광은 이미 철저하게 관계를 끊었다는 것이다. 절교의 원인은 내가 그에게 쓴 편지 한 통 때문이었다. 내가 자발적으로 그와 절교를 한 것이다. 그를 안 지 2년이 되고, 그가 학교를 졸업한 지 1년이 됐을 때였다. 그를 알게 된 이후로 내 모든 마음은 오로지 시를 쓰는 것에 있었다. 학업은 점점 등한시하고, 시험 성적도 나날이 떨어졌다. 나도 이런 것들을 깨달았지만 스스로 헤어날 수가 없었다. 그가 졸업한 후에도 나와 그의 편지 교환은 여전히 매우 잦았고, 그의 추천을 통해서 나는 정규 잡지에 몇 편의 시를 발표하기도 했다. 후에 나도 따로 여 시인의 집을 몇 차례 찾아갔고, 매번 그녀에게 바보처럼 훈계를 들었다. 이런 것들은 현실에 대한 내 불만을 억제할 수 없을 만큼 가중시켰고, 나는 또한 타성에 젖어 현실에서 점점 멀어져만 갔다. 그리고 마침내 나는 삶의 한계에 다다르게 되었다.

那一学期我五门功课有三门不及格，心情极坏，补考的压力也很沉重。这逼得我对以往进行思考，于是我决定拿我一直热爱的文学开刀，拿我因文学而建立的友情开刀，首当其冲的人就是杨广。

事情都已经过去了，我可以把我当时的举动解释为幼稚，或不加任何评价，但都已无法改变既成的结果。杨广已经从我的生活中擦肩而过。我写给他的那封信是绝望的产物，我叫他再也别来找我，再也别写信给我，叫他从我的视野中彻底消失，自动灭亡。这使他勃然大怒，任何人都会对此勃然大怒。他发誓将来找到我会狠狠地揍我，他还说他曾借给我一本书，如果我不给他寄过去，他就会立刻坐火车来南京索讨。他的那本书我早就不知道放哪儿了，我确实想还给他，但却无法做到。

그 학기에 나는 다섯 과목 중 세 과목을 낙제해 기분이 침울했고, 재시험에 대한 스트레스 또한 엄청났다. 이것은 나로 하여금 지난날의 생활에 대해 다시금 깊이 되새겨 보게 했다. 결국 나는 내가 그토록 사랑해 온 문학과 절연하고 또 문학으로 맺어진 우정도 잘라내기로 결심했다. 그 첫 공격의 대상이 바로 양광이었다.

모든 일들은 이미 과거가 되었다. 나는 당시의 내 행동을 유치한 것으로 변명해 버리거나, 혹은 어떠한 평가도 내리지 않을 수 있다. 그러나 모든 것은 이미 바꿀 수 없는 벌어진 결과다. 양광은 이미 내 삶으로부터 스쳐 지나간 존재이다. 내가 그에게 쓴 편지는 절망의 산물이었다. 나는 그에게 다시는 나를 찾아오지 말고, 다시는 내게 편지도 쓰지 말며, 내 시야에서 철저하게 사라져 버리라고 말했다. 이 일로 그는 불같이 화를 냈다. 어떤 사람이라도 이런 경우 흥분하며 화를 낼 것이다. 그는 나중에 나를 만나게 되면 아주 호되게 패 줄 것이라고 다짐했고, 일전에 내게 빌려 주었던 책을 부치지 않으면 당장 기차를 타고 난징에 와서 강제로 받아 낼 것이라고 했다. 그의 책을 어디다 두었는지 나는 진작부터 몰랐다. 나는 정말 그에게 책을 돌려 주고 싶었지만, 어쩔 도리가 없었다.

及格 jígé 합격하다 逼 bī 핍박하다, 죄다, 강박하다 首当其冲 shǒu dāng qí chōng 맨 먼저 공격을 받거나 재난을 당하다, 첫 공격의 대상이 되다 擦肩而过 cā jiān ér guò 어깨를 스치고 지나가다 勃然大怒 bó rán dà nù 벌컥 화를 내다 揍 zòu 남을 때리다, 손해를 주다, 해치다 索讨 suǒtǎo 독촉하여 강제로 받아내다

我战战兢兢地在学校呆了一段时间,那种最坏的局面并没有出现,以后到现在我都没有杨广的消息,要不是写他,我都快把他忘了。朋友A曾经说过,爱一个人是让人感动的,恨一个人说明你还关心着他,可怕的是对一个人的忽视,对他的遗忘。但遗忘总会与人相伴,只要我们对世界进行价值判断,比如我们常说"值得"二字,某人值得交往,某事值得去干;或我们让外界的是非观凌驾于自己的判断之上,比如从什么什么角度看这是对的,什么什么角度看这是错的;另外时间也造就了遗忘。这种说法或许是一个借口。

나는 전전긍긍하며 학교에서 얼마간의 시간을 보냈다. 그러나 최악의 사태는 결코 벌어지지 않았다. 그후로 나는 양광의 소식을 듣지 못했다. 그에 대해 쓰지 않았다면 아마 진작에 그를 잊어버리고 말았을 것이다. 친구 A가 이런 말을 한 적이 있다. 한 사람을 사랑하는 것은 사람을 감동시키는 것이고, 한 사람을 미워하는 것은 아직도 그에게 관심이 있다는 것이며, 정말 두려운 것은 그 사람에게 무관심하고 그를 아예 잊어버리는 것이다. 그러나 잊혀짐은 항상 사람과 함께 존재한다. 우리가 세상에 대해 어떤 가치 판단을 내리기만 하면, 예컨대 우리가 자주 내뱉는 '가치가 있다'라는 말로 어떤 사람과는 사귈 만한 가치가 있다, 어떤 일은 할 만한 가치가 있다고 할 때가 그렇다. 또는 우리가 외부의 옳고 그름의 잣대를 자신의 판단 위에 앞세울 때, 예컨대 어떤어떤 관점에서 볼 때 이것은 옳다, 어떤어떤 관점에서 볼 때 이것은 그르다고 할 때도 잊혀짐이 존재한다. 그리고 시간 또한 잊혀짐을 만든다. 물론 이런 논리들은 어쩌면 하나의 핑계일지도 모른다.

战战兢兢 zhàn zhàn jīng jīng 두려워서 벌벌 떠는 모양, 전전긍긍하다 | 忽视 hūshì 소홀히 하다, 경시하다 | 遗忘 yíwàng 잊(어버리)다 | 相伴 xiāngbàn 동반하다, 함께 가다 | 值得 zhíde ~할 만한 가치가 있다 | 凌驾 língjià 남을 능가하다, 앞지르다 | 借口 jièkǒu 핑계, 구실

每个人都处在真实和虚幻之间，每一时刻我们的位置都不一样，我们的思考也会迥然不同，我们的眼光就会变化莫测，我们随时存在着丧失自己的可能，这与遗忘同样可怕。然而意识到可怕比可怕本身更令人不能忍受。从这个意义上讲，书写杨广是为了拒绝遗忘，这大概比遗忘杨广对杨广来说更加残忍。现在我仅从世俗的角度（如前所述这样讲是不当的）来看待杨广，他确实是一个值得（？）我尊敬，值得（？）我书写的好朋友。

모든 사람은 모두 진실과 거짓 사이에 놓여 있고, 매 시각마다 우리의 위치도 모두 다르며, 우리의 사고 또한 매우 다를 것이다. 우리들의 관점은 변화무쌍하여 예측할 수 없으며, 우리들은 언제라도 자기 자신을 상실할 수 있는 가능성을 갖고 있다. 이것은 잊혀짐과 마찬가지로 두려운 일이다. 그런데 두려움을 인지하는 것이야말로 두려움 그 자체보다도 사람을 더더욱 견딜 수 없게 한다. 이런 의미에서 말할 때, 양광에 대해 써 내려가는 것이 잊어버리는 것을 막기 위한 것이라면, 이것은 아마도 양광 입장에서 보면 양광을 잊는 것보다 더더욱 잔인한 것일 거다. 현재 내가 단지 세상의 관점에서(앞에서 말한 것처럼 이렇게 말하는 것은 온당치 않다) 양광을 본다면, 그는 확실히 내가 존경할 만한 가치가 있고(?), 내가 써 내려갈 만한 가치가 있는(?) 좋은 친구이다.

迥然 jiǒngrán 현저히, 매우, 아주   **变化莫测** biàn huà mò cè 변화무쌍하여 예측할 수 없다

我不认为我与杨广在一起的时光是我一生中多么好的时光。我与他的差异是明显的，就诗歌写作而言，杨广对他当时的状态极为满意，常津津乐道于一些狭隘的想象，对诗歌的理解过于简单，这些使我难以看到他的诗歌写作的美好前景。在做人上，他性格直爽，自信洒脱，与我的卑微自怜，畏畏缩缩形成对比。杨广和我第三次去那个女诗人家是在一个星期天下午，那天阳光晴暖，也可以说万里无云吧，我们穿过绿荫覆盖的街道，来到那个明亮的大院子里，像置身童话世界。女诗人那天的心情看来很好，殷勤地接待了我们。她穿着一件领口开得很低的羊毛内衣，露出一截乳房，浑身散发出让我牙根发紧的香水味儿。

前面说过女诗人并不漂亮，但她是个实实在在的女人，相对于我是性的反面，她对我的诱惑来自于我的性无知。那天阳光将女诗人不大的房间映得白花花的，女诗人几乎敞开的胸襟正对着我们，在光线中越来越刺眼。

나는 내가 양광과 함께 했던 시간이 내 평생 아주 좋았던 시간이라고 생각지 않는다. 나와 그의 차이는 분명했다. 시를 쓰는 데 있어 말하자면, 양광은 당시의 상황에 지극히 만족스러워 했고, 항상 협소한 상상력 속에서도 재미있는 시를 창작해 냈다. 시에 대한 이해가 지나치게 단순해 이것들로는 시 창작에 있어서의 그의 찬란한 장래를 보기 힘들었다. 사람 됨됨이에 있어서는, 그의 성격이 시원 솔직하고 대범해 자기비하적이고 주눅 들어 있는 나의 모습과 대조를 이루었다. 양광과 내가 세 번째로 그 여 시인의 집에 간 것은 어느 일요일 오후였다. 햇살은 맑고 따뜻했으며 구름 한 점 없던 날이었다. 우리는 녹음으로 뒤덮인 거리를 지나 밝게 빛나는 그 동네에 도착했는데, 마치 동화세계에 있는 듯했다. 여 시인은 그날따라 기분이 매우 좋은 듯 보였고, 정성스럽게 우리를 대접했다. 그녀는 목이 아래로 깊게 파인 스웨터를 입고 있어 가슴이 훤히 드러났고, 온몸에서 이를 꽉 물게 할 정도의 짙은 향수냄새가 풍겼다.

앞에서도 말했지만 여 시인은 결코 예쁘지 않았다. 그러나 그녀는 나와는 성별이 반대인 분명한 여자였다. 나에 대한 그녀의 유혹은 성에 대한 나의 무지로부터 발단이 됐다. 그날 햇빛은 여 시인의 그리 크지 않은 방 안을 눈부시게 비추었다. 그녀는 젖가슴을 거의 활짝 드러낸 채 우리를 마주하고 있었고, 햇살 속에서 점점더 눈을 자극했다.

津津乐道 jīn jīn lè dào 흥미진진하게 이야기하다 | 狭隘 xiá'ài (마음·견식·기량 등이) 좁고 한성되다, 편협하다 | 直爽 zhíshuǎng (성격이) 정직하고 시원시원하다, 소탈하다 | 洒脱 sǎtuō (말이나 행동이) 소탈하다, 시원스럽다, 대범하다 | 卑微 bēiwēi 비천하다 | 自怜 zìlián 스스로 불쌍히 여기다 | 畏缩 wèisuō 위축하다, 무서워 움츠리다, 주눅 들다 | 殷勤 yīnqín 은근하다, 정성스럽다, 따스하고 빈틈없다 | 胸襟 xiōngjīn 옷의 가슴자락 | 刺眼 cìyǎn 빛이 강해서 눈부시다, 눈을 자극하다

杨广激动得面色红润,说话特别多而混乱,但我注意到他的眼神始终没有落向女诗人的乳房。女诗人讲了一个衣橱的故事,说的是一个女人趁丈夫不在家,与一个男人偷情,正在他们脱光衣服时,她丈夫突然回来了,那个男的只好躲在衣橱里。她的这个故事有两层意思,一是偷情是允许的,二是如果偷情威胁到那个女人的正常生活,那么它又是被禁止的。这明显带有女权主义色彩。杨广说,这个故事真有趣,不知告诉我们应该怎么做。女诗人把双臂抱在胸前,压得两个乳房更加突出,现在我大概对女诗人的故事能够比较准确地分析。但当时我确实被这个故事吓了一跳,并不是说这个故事本身有什么,而是女诗人当着我们两个男人的面讲这个近于黄色的故事,让我不能承受。而杨广对于女诗人的兴趣远大于她所讲的黄色故事。

偷情 tōuqíng 남녀가 몰래 정을 통하다, 사통하다 黄色 huángsè 퇴폐적인, 외설의, 선정적인

양광은 흥분한 나머지 얼굴이 붉게 달아올랐고 유난히 횡설수설했다. 그러나 그의 시선은 한번도 여 시인의 가슴에 꽂히지 않았다. 여 시인은 옷장에 관한 이야기를 했다. 한 여자가 자신의 남편이 집에 없는 틈을 타 남자와 정을 통하려 옷을 벗고 있던 찰나, 그녀의 남편이 갑자기 돌아와서 그 남자는 옷장 속에 몸을 숨길 수밖에 없었다는 이야기였다. 그녀의 이 이야기는 두 가지 의미를 내포하고 있었다. 하나는 외도는 용인된다는 것과, 둘째 만약 외도가 여자의 정상적 생활에 위협이 된다면 이것은 금지되어야 한다는 것이다. 여기엔 확고한 여권주의 의식이 내포돼 있었다. 양광은 이 이야기가 매우 흥미롭긴 하지만 우리들에게 어떻게 하라는 건지는 모르겠다고 말했다. 여 시인이 팔짱을 끼자, 두 젖가슴이 눌려 더욱 봉긋하게 올라왔다. 지금 나는 여 시인의 이야기를 그런대로 정확하게 분석할 수 있다. 그러나 당시 나는 이 이야기에 매우 놀랐다. 이야기 자체에 놀란 것이 아니라, 여 시인이 우리 두 남자 앞에서 저질에 가까운 이런 이야기를 한다는 사실을 용납할 수 없었던 것이다. 그런데 양광은 그녀가 들려준 이 저속한 이야기보다도 그녀 자체에 더 큰 흥미를 보였다.

他不断催促女诗人把这个故事讲得更细或讲完。女诗人说，没有了，就这些。后来，我们三个打跑牌，就是谁先把手上的牌走完谁就算赢，输的那家按手上剩下的牌计算，每张牌付两毛钱。女诗人输得很惨。打牌时女诗人坐在我的下家，我感到她抓牌的动作很快，不时将手碰到我还没有抓上牌的右手背上。我感到那只手很瘦而冰冷。那天我们在女诗人家吃晚饭，女诗人不停地搛菜给我，把杨广冷落一边。但杨广一点也没有流露出被冷落的样子，照样热情地称赞女诗人衣服的款式和女诗人的脸色，弄得女诗人有些害羞，她害羞的模样说实话很难看的。她反驳杨广说，你怎么啦，怎么啦。不过一个女人的言行是千万不能相信的，那里面虚假的成分可以挤出水，实际上我只不过是她用来诱惑杨广的一个工具。杨广又是一个何其聪明的人，那天晚上我们一起离开女诗人家，回到学校，我当然就睡觉，杨广却又蹬着他的自行车，去了女诗人家。

그는 여 시인에게 이 이야기를 더 자세하게 하든지 아니면 이야기를 끝내라고 끊임없이 재촉했다. 여 시인은 더 이상 없다고, 이걸로 끝이라고 말했다. 후에 우리들은 '파오파이' 게임을 했다. 먼저 손안에 있는 카드를 다 내는 사람이 이기는 것이고, 진 사람은 남은 카드에 따라서 한 장당 2마오의 돈을 내야 했다. 여 시인은 형편없이 지고 말았다. 카드놀이를 할 때 그녀는 내 다음 차례에 앉아 있었다. 그녀는 카드 잡는 손동작이 얼마나 빠른지, 아직 채 카드를 잡지 못한 내 오른손 손등에 그녀의 손이 닿곤 했다. 그녀의 손은 매우 가냘프고 차가웠다. 그날 우리는 그녀의 집에서 저녁을 먹었다. 그녀는 계속해서 반찬을 내게 집어 주었고, 양광은 되레 푸대접했다. 그러나 양광은 조금도 푸대접당하는 내색을 하지 않고, 종전처럼 열정적으로 그녀의 패션 스타일과 그녀의 얼굴을 칭찬했다. 그러자 그녀는 다소 부끄러워했는데, 그녀의 부끄러워하는 모습은 정말이지 보기 흉했다. 그녀는 "당신 왜 그래요, 왜 그래요" 하며 양광에게 반박했다. 그러나 여자의 언행은 결코 믿을 것이 못 되며, 그 속에 들어 있는 가식을 물처럼 짜낼 수 있다. 실제로 나는 그녀가 양광을 유혹하기 위한 하나의 도구에 불과했던 것이다. 양광 또한 얼마나 눈치 빠른 사람이던지, 그날 저녁 우리가 그녀의 집을 떠나 학교로 돌아왔을 때, 나는 당연히 잠자리에 들었지만 양광은 자전거를 타고 다시 여 시인의 집으로 갔다.

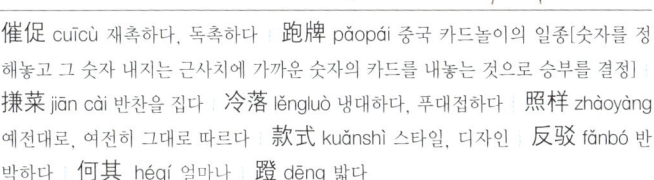

催促 cuīcù 재촉하다, 독촉하다 ː 跑牌 pǎopái 중국 카드놀이의 일종[숫자를 정해놓고 그 숫자 내지는 근사치에 가까운 숫자의 카드를 내놓는 것으로 승부를 결정] 捡菜 jiān cài 반찬을 집다 ː 冷落 lěngluò 냉대하다, 푸대접하다 ː 照样 zhàoyàng 예전대로, 여전히 그대로 따르다 ː 款式 kuǎnshì 스타일, 디자인 ː 反驳 fǎnbó 반박하다 ː 何其 héqí 얼마나 ː 蹬 dēng 밟다

在一九八四年秋我与杨广相遇和交往,并且从一开始就很深入,究其原因是孤独,不是一般意义上的那种孤独,在我周围有不少相处得不错的同学,他们都是一些健康活泼,有头脑,有意志,理解别人的人,这样的集体会带给我一种常人所能想象到的安全。我这种孤独与性格有关,从小在人群中我就感到孤独和寒冷。也正因此,在交往过程中我对他就像对兄长一样。我向他诉说我年幼时比较艰苦的生活,当然相对于其他人来说也许并不见得有多苦,无非就是跟外婆在一起,得不到父母的爱,但至少我还属于吃得饱穿得暖的那种,无非就是吃得差一些,穿得赖一些。我与他谈论我那一段经历,过分地夸大艰苦的成分,仿佛我是一个在泪水中泡大的苦人儿,以此博得杨广的同情。

1984년 가을 나는 양광을 만나 사귀게 되었으며, 처음부터 우리의 우정은 돈독했다. 원인을 따져 보니 고독 때문이었다. 그러나 일반적으로 말하는 그런 고독이 아니었다. 내 주위에는 나와 친하게 지내는 친구들이 많았다. 그들은 모두 신체 건강하고 성격도 활발하며, 머리 좋고, 의지력 강하고, 남을 배려할 줄 아는 사람들로, 이들 그룹은 내게 누구나 다 느끼는 일종의 안락함을 가져다 주었다. 내가 말하는 고독은 내 성격과 관계가 있었는데, 어려서부터 나는 사람들 속에서 고독과 추위를 느꼈다. 이러한 이유에서 나는 양광과의 우정 속에서 그를 형 대하듯 했다. 나는 그에게 어린 시절의 힘들고 괴로웠던 생활을 하소연했다. 물론 다른 사람과 비교해 많이 고생했다고는 말할 수 없다. 다만 외할머니와 함께 생활하는 바람에 부모의 사랑을 듬뿍 받지 못했다. 그래도 배불리 먹고 따뜻하게 입고 사는 부류에 속했다. 다만 음식의 질이 좀 떨어지고, 입는 것이 좀 보잘 것 없었지만. 나는 그에게 그러했던 나의 시절을 말할 때면 힘들고 괴로웠던 부분을 지나치게 과장했다. 마치 내가 눈물 속에서 살아온 불운아인 것처럼. 그렇게 해서 난 양광의 동정을 얻었다.

究 jiū 캐다, 탐구하다　赖 lài 나쁘다, 좋지 않다　泡 pào 지내다, 생활하다　苦人儿 kǔrénr 불운아, 생활이 어려운 사람

我对他的这种态度是我与他的关系彻底崩溃的祸根之一。他总是处在怜悯我、关心我的位置上，殊不知怜悯一个人与打击一个人都会产生同样的后果：逃避。除非在心理上和客观上怜悯的一方与被怜悯的一方是不平等的。现在想来当时这在我和杨广之间几乎是不可能的。他无论在哪方面的经验都比我丰富，包括女人。那天晚上他又一次返回女诗人家，这事是他毕业以后写信告诉我的，在信中津津乐道了那天女诗人与他在女诗人充满印度香（也就是我一进女诗人家门所闻到的那种香气）的床上所干的事。现在我明白男女之事并不像他渲染的那样，但我当时一方面被他所写的搞得欲火中烧，一方面又因眼前现实中一个女人被我之外的人掠夺而感到痛心。这种感觉是奇妙的，难以说清楚，也难以启齿。当然那女诗人并不是我所爱的女人，她与我没有任何瓜葛，她行色匆匆地路过我身边又消失，我没有产生任何变化。这么多年来，我很少爱别人，尤其是女人。我觉得不管多么好的女人，总难免虚荣和虚伪。

그에 대한 나의 이런 태도는 나
와 그의 관계가 철저히 붕괴되게
한 화근 중의 하나였다. 그는 항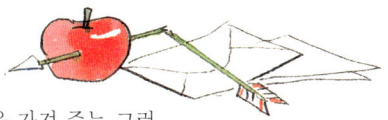
상 나를 불쌍히 여기고 내게 관심을 가져 주는 그런
위치에 있었다. 그는 누군가를 불쌍히 여기는 것과 누군가에게 상처를 주
는 것은 '도피'라는 동일한 결과를 가져온다는 것을 전혀 알지 못했다. 심
리적으로나 객관적으로 남을 불쌍히 여기는 쪽과 불쌍히 여김을 받는 쪽
은 평등하지 않다. 지금 와서 생각해 보면 당시 나와 양광 사이엔 평등이
란 거의 불가능했다. 그는 여자 문제를 포함하여, 어느 방면에서든지 나
보다 경험이 풍부했다. 그날 저녁 그는 또 여 시인의 집으로 되돌아갔는
데—이 일은 그가 졸업한 후에 내게 편지로 말해 준 것이다—그는 편지
에서 그날 그가 인도향 가득한(바로 내가 그녀의 집에 들어섰을 때 맡았
던 그 향기였다) 그녀의 침대 위에서 벌인 일을 흥미진진하게 말해 주었
다. 지금은 남녀간의 일이란 것이 그가 떠들어대던 것과 같지 않다는 것
을 안다. 하지만 당시에 나는 한편으로는 그가 쓴 편지로 인해 욕정의 불
길이 타올랐고, 한편으로는 눈앞에서 현실 속 한 여자를 나 아닌 다른 사
람에게 빼앗겼다는 사실에 굉장히 고통스러워했다. 이러한 묘한 느낌은
말로 정확히 표현할 수도, 또 입에 담기도 어렵다. 물론 그 여 시인은 결
코 내가 사랑하는 여자가 아니었으며, 그녀와 나는 어떤 관계도 아니었
다. 그녀는 내 옆에 총총히 왔다가 또 그렇게 사라져 버렸다. 내게 어떠
한 변화도 일으키지 않았다. 내가 이만큼 살아오는 동안 나는 다른 누군
가를 사랑하는 일이 거의 드물었다. 특히 여자를. 나는 아무리 좋은 여자
라도 허영과 가식은 없을 수 없다고 생각한다.

崩溃 bēngkuì 붕괴[붕궤]하다　殊 shū 전혀, 오히려, 뜻밖에도　怜悯 liánmǐn
불쌍히 여기다, 동정하다　渲染 xuànrǎn (말이나 글을) 과장하다　欲火 yùhuǒ
욕정의 불길, 정욕　掠夺 lüèduó 약탈하다, 수탈하다　瓜葛 guāgé 얽히고 얽힌
사회관계, 관련, 분규　行色匆匆 xíngsècōngcōng 여행 전에 바쁜 모양

所谓的男女之爱，实际上是物质之爱，对这种爱我痛恨之极，不亚于对我专业的痛恨。让我心怀芥蒂的只是杨广对他那天艳遇的吹嘘，那么洋洋自得，那么投入。

如果说杨广和我在世界观上还有什么不同之处的话，那就是对"爱"的看法。杨广总喜欢把爱放在嘴上说出来："我爱我的女朋友。"而我认为在生活中我们可以谈论爱，但不可轻易对某人说爱，也不可轻易认为自己爱着某人。对那人说爱，或自以为爱着那人，结果只能是对那人的伤害，对自己的不尊重。因在世俗生活里爱永远是可遇而不可求的，永远是有缺陷或被怀疑的。在这里我无意说杨广是个不诚实的人。

　이른바 남녀간의 사랑이란 사실상은 물질적인 사랑으로, 이런 사랑을 나는 내 전공 못지 않게 엄청나게 증오한다. 아직까지 내 마음속에 응어리로 남아 있는 것은 양광이 그날 자신의 애정행각을 과장해 말하던 그의 득의양양하고 열정적이던 모습이다.

　만약 양광과 내가 지닌 세계관 중에서 또 어떤 점이 다르냐고 묻는다면, 그것은 바로 '사랑'에 대한 관점일 것이다. 양광은 사랑이란 말을 항상 입에 달고 다녔다. "나는 내 여자친구를 사랑해." 그러나 나는 생활하면서 우리가 사랑에 대해 논할 수는 있지만, 누군가에게 쉽게 사랑한다고 말해서는 안 되며, 또한 쉽게 자신이 누군가를 사랑하고 있다고 여겨서는 안 된다고 생각한다. 그 사람에게 사랑한다고 말하거나 혹은 스스로 그 사람을 사랑한다고 여겨 버리면, 그 결과는 그 사람에게 상처를 주게 되고, 스스로를 존중하지 않게 만든다. 세상을 살아가면서 언제나 사랑은 우연히 만나게 될 수는 있지만 원한다고 얻어지는 것이 아니며, 영원히 부족하고 의심받는 것이다. 여기서 나는 양광이 불성실한 사람이라고 말할 생각은 없다.

不亚于 búyàyú ~에 못지 않다, 뒤지지 않다　芥蒂 jièdì 불만, 응어리, 맺힌 마음　艳遇 yànyù 애정 이야기, 연애 이야기　吹嘘 chuīxū 과장해서 말하다, (자신이나 다른 사람을) 추켜세우다　洋洋 yángyáng 가득하다, 충만하다　投入 tóurù (열정적으로) 몰입하다[전념하다]　缺陷 quēxiàn 부족한 것, 아쉬운 것

在得知杨广与女诗人发生关系后没多长时间，也许是受到某种刺激，我萌生了认真谈一把恋爱的想法。人选方面我是经过反复斟酌的。女诗人是不可能的了，我身边的女同学我也不想染指，以免闹出什么乱子，我的恋爱对象是我的一个中学同学，当时在本市的邮电学院上学，整个中学时代我与她说话不会超过二十句，我约她某一天在某个显著的建筑物下见面，她如约前去。由此开始了我的一次不胜其烦的恋爱。在整个过程中，我都处于主动的地位，约会，再约会。说实话我的举动是令人费解的，我始终没有考虑到那个女孩对我的看法，只是一味地约她出来，一起看电影，或者深夜到人迹罕至的公园谈心。

양광과 여 시인이 관계를 맺은 것을 알고 난 후 얼마 지나지 않아, 아마도 모종의 자극을 받아서인지, 내 마음속엔 연애에 대한 진지한 생각이 싹트게 되었다. 상대를 고르는 데 있어 나는 누차 심사숙고했다. 여 시인은 불가능했으며, 내 주위의 여학생들에게 손을 대서 괜한 구설수에 휘말리고 싶지는 않았다. 내 연애대상은 나의 중고등학교 동창으로, 당시 그녀는 시내에 있는 우편통신대학에 다니고 있었다. 중고등학교 시절을 통틀어 내가 그녀와 나눈 말은 스무 마디를 넘지 않았을 것이다. 어느 날 나는 그녀에게 눈에 잘 띄는 모 건물 아래에서 만나자고 불러냈다. 그녀는 약속대로 나왔다. 이리하여 너무나도 번거로웠던 내 첫 번째 연애생활이 시작되었다. 연애기간 동안 나는 늘 주동적으로 데이트 약속을 잡고 그녀와 데이트를 했다. 솔직히 말해, 나의 이런 행동은 다른 사람들이 이해하기 힘든 것이었다. 나는 시종 나에 대한 그녀의 생각을 고려하지 않았다. 나는 항상 똑같이 그녀를 불러내어 같이 영화를 보거나, 깊은 밤 인적 드문 공원에 가서 이야기를 나누곤 했다.

萌生 méngshēng (식물이) 싹트다, 움트다 | 斟酌 zhēnzhuó 고려하다, 숙고하다 | 染指 rǎnzhǐ (욕망에 끌려) 손을 대다, 자기 몫이 아닌 이익을 취하다 | 闹乱子 nào luànzi 사고를 일으키다, 화를 일으키다 | 不胜其烦 bú shèng qí fán (견디기 어려울 정도로) 너무도 번거롭다, 귀찮아서 견딜 수 없다 | 费解 fèijiě (문장의 어귀나 말이) 알기 어렵다, 난해하다 | 一味 yíwèi 단순히, 줄곧, 오로지 | 谈心 tánxīn 마음을 터놓고 이야기하다

和那个女孩所谈的内容几乎全是家常式的。如我问她有几个哥哥姐姐,几个弟弟妹妹,他们现在都干什么,她的父母对她怎么样,她又是怎么看待她父母的。她又问我同样的问题。她经常流露出对一些事情的不满或困惑,我就耐心地帮她分析或劝解一番,如此这般,她也觉得有某种必要与我在一起,我约她出来她也很乐意。但很奇怪的是,我们都没有向对方表白或用言语要求一些什么,只是在这些无休止的约会中大谈各自的事情,我的激情也只针对约会本身,并不针对她个人。一度我曾想过这是否叫谈恋爱,但这种想法老是被又一次的约会冲淡。现在看那次恋爱(也许不能称作恋爱),我在其中扮演的角色并不光彩,我对那个女孩没有任何感觉,对她说不上好和坏,却又以貌似恋人的方式和她相处,谈一场没有对手的虚无的恋爱,其残忍与杨广的滥爱也没有丝毫的区别。

그녀와 나눈 이야기들은 그저 일반적인 것들이었다. 예컨대 형제자매가 몇인지, 지금 그들은 무엇을 하는지, 그녀의 부모는 그녀에게 어떠한지, 또 그녀는 부모를 어떻게 생각하는지 등이었다. 그녀 역시 내게 같은 것을 물었다. 그녀는 항상 어떤 상황에 대한 불만 내지는 곤혹스러움을 토로하곤 했는데, 나는 인내심을 가지고 그녀에게 상황을 분석해 주거나 타이르며 위로해 주었다. 이런저런 이유로, 그녀는 나와 함께 있을 모종의 필요성을 느꼈고, 내가 데이트 신청을 하면 그녀는 기쁜 마음으로 나왔다. 그러나 아주 이상하게도 우리는 서로에게 마음을 고백하거나 말로 무엇인가를 해달라고 하지 않았다. 우리들은 그저 이렇게 끊임없는 데이트 속에서 각자의 일만을 이야기할 뿐이었다. 나의 열정은 단지 데이트 그 자체에 있을 뿐, 결코 그녀에게 있지 않았다. 한동안 나는 이것이 과연 연애하는 것인가 아닌가 하고 생각했지만, 이러한 생각도 반복되는 데이트 속에 점차 희석되어 갔다. 지금 그때의 연애를 생각해 보면(연애라고 할 수 없을런지 모르지만), 내가 그 속에서 맡았던 배역은 결코 영광스러운 것이 못 된다. 나는 그녀에게 어떠한 감정도 없었기에, 그녀가 좋았는지 나빴는지 말할 수 없다. 모양만 연인과 같은 방식으로 그녀와 함께 했고, 상대가 없는 허무한 연애를 했을 뿐이다. 이러한 잔인함은 양광의 애정 남발 행각과 조금도 다를 바가 없었다.

劝解 quànjiě 타이르다, 달래다, 위로하다　冲淡 chōngdàn (분위기·효과·감정 따위를) 약화시키다　滥爱 lànʼài 마구잡이로 사랑하다, 애정을 남발하다

过了一段时间，我与那个女孩这种畸形的关系终因一次约会而中断了。由约会开始，又由约会中断，这多少有些讽刺的意味。

那天晚上我把那个女孩约到玄武湖散步，我们沿着湖边的林荫一直往前缓缓走去，我们的四周分布着一对对情侣，有的站在树下，有的坐在石凳上，有的和我们一样在湖边散步，从背后超过我们或迎面往我们背后走去。在这种气氛中，我自然而然地握住了她的手，我也感受到她手指轻微的动作，想握紧我的手。手刚碰到一起的一刹那我有些兴奋，虽然我抓住的只是一只手，但它是异性的手，我抓住的是女人的手，进而想起了女人的身体。在灰蒙蒙的月亮和依稀的路灯的照耀下，我们翻过了一个小山坡，在一处凉亭的台阶上挨在一起坐下来，我记得我搂住了她的腰，并且闻到了她衣服的气味，类似于在太阳底下曝晒过的被褥发出的气味，有些呛人。我不知道我当时怎么会有这种冲动，搂住她，后来又抱紧她，摩弄她的脖子，她也没有一点推让或拒绝的意思。这天晚上我第一次把她送到学校的门口，友好而关切地说了再见。

어느 정도 시간이 지나, 나와 그녀의 이런 기형적인 관계도 한 번의 데이트로 인해 마침내 끝이 났다. 데이트로 시작해서 또 데이트로 끝나 버리니, 이 얼마나 아이러니컬한가.

그날 저녁 나는 쉬엔우후에서 산책하자고 그녀를 불러냈다. 우리는 호숫가 수풀을 따라 앞으로 천천히 걸어갔다. 연인들이 우리 주위 여기저기에 있었다. 어떤 커플들은 나무 아래에 서 있고, 어떤 커플들은 돌벤치에 앉아 있고, 어떤 커플들은 우리처럼 호숫가를 산책하며, 뒤쪽에서 와서 우리를 지나쳐 가거나 맞은편에서 걸어와서 우리 뒤로 걸어갔다. 이런 분위기 속에서 나는 자연스레 그녀의 손을 잡았고, 그녀의 손가락 또한 내 손을 잡기 위해 살며시 떨리는 것을 느낄 수 있었다. 손이 막 하나로 포개진 그때 나는 약간 흥분됐다. 비록 내가 잡은 것은 단지 하나의 손에 불과했지만, 그러나 그것은 이성의 손이었으며, 내가 잡은 것이 여인의 손이라 생각되자, 더 나아가 나는 여인의 몸을 생각하게 되었다. 어슴푸레한 달빛과 희미한 가로등 불빛 아래에서, 우리들은 작은 언덕 하나를 넘어 한 정자의 돌계단 위에 바싹 붙어 앉았다. 나는 그녀의 허리를 감싸 안았고, 그녀의 옷내음을 맡았던 기억이 난다. 그 옷내음은 마치 햇볕에 쬐인 이불과 요에서 나는 것과 유사한 냄새로, 코를 자극했다. 당시 어떻게 내게 그러한 충동이 생겼는지 모르겠지만, 나는 그녀를 끌어안았다. 조금 후 그녀를 다시 강하게 껴안았고 그녀의 목을 어루만졌다. 그녀는 어떠한 거부의사도 내보이지 않았다. 이날 저녁 나는 처음으로 그녀를 학교 입구까지 바래다 주었고 친절하고 정겹게 작별인사를 했다.

畸形 jīxíng 기형적인, 비정상적인 刹那 chànà 찰나, 아주 짧은 시간, 순간 依稀 yīxī 모호하다, 희미하다, 어렴풋하다 搂住 lǒuzhù 껴안다 曝晒 pùshài 햇볕에 쪼이다 被褥 bèirù 이불과 요, 침구 呛人 qiāngrén 숨이 막히다, 숨이 막힐 듯이 몹시 기침하다 摩弄 mónòng 어루만지다, 애무하다 推让 tuīràng 양보하다, 사양하다

这是我与她最后一次相见,与她这次约会的第二天,我给她去了一封信,告诉她我现在学习很紧张,我们最好别再见面了。这个结局与我和杨广的结局有相似的地方,而且在我看来,分手的原因也有某种程度的相像,都是因为我感觉到自己的生存受到威胁,当时也就是学习受到干扰。

现在(一九九五年)我已经完全放弃了大学时所学的专业,彻底改行了。这样我可以冷静地分析一九八四年至一九八五年我与杨广、女诗人的交往过程,以及我的初次恋爱。当时我总以为是生存压力使我难以与他们维持正常的关系,现在看来事情并不这么简单。现在的我同样面临着生存的压力,这种压力会伴随到人生命的结束。用句最通俗的话说,如果一个人赖以生存的是他不乐意干的事情,那么这时的生存压力于人是有害的,会使他的生活变得很紊乱,也影响到他对待人的态度;反之,生存压力将是良性和健康的。

干扰 gānrǎo 방해(하다), 교란시키다　改行 gǎiháng 직업을 바꾸다, 전업하다
赖以 làiyǐ 의지하다, 믿다　紊乱 wěnluàn 어지럽다, 혼란하다, 문란하다

　이것이 나와 그녀의 마지막 만남이었다. 그녀와 만난 그 이튿날 나는 그녀에게 편지 한 통을 보냈다. 그녀에게 나는 현재 학업 때문에 많이 바쁘며, 더 이상 안 만나는 것이 좋겠다고 말했다. 이러한 결말은 나와 양광의 결말과 비슷한 면이 있다. 또 내가 보기에 헤어진 원인 또한 어느 정도 유사하다. 양자 모두 내 생활에 방해가 된다고 느꼈기 때문에, 당시 학업에 많은 방해가 되었기 때문이다.

　지금(1995년) 나는 대학 때 배운 전공을 완전히 포기하고, 전혀 다른 길을 택했다. 그래서 나는 1984년부터 1985년까지 양광, 여 시인과 사귀었던 과정들, 그리고 나의 첫 번째 연애에 대해 냉정하게 분석할 수 있다. 당시 나는 생활에 대한 중압감이 나를 그들과 정상적인 관계를 유지할 수 없게 했다고 여겼다. 그러나 지금 생각해 보면 사정은 결코 그렇게 간단한 것이 아니었다. 현 시점의 나도 예전처럼 중압감에 직면해 있으며, 이러한 중압감은 목숨이 다하는 그날까지 따라다닐 것이다. 가장 통속적인 말로 설명하자면, 사람이 자신이 원치 않는 일을 하며 살아 간다면, 그 중압감은 사람에게 해를 가져다 준다. 생활은 더더욱 혼란스럽게 변할 것이고, 사람을 대하는 태도에도 영향을 미치게 된다. 그러나 반대의 상황이라면, 중압감은 생활에 긍정적 요인이 되어 건강한 삶을 영위할 수 있게 된다.

因此我深切地体会到一个人的成长过程中选择的重要。我这是站在理性的角度思考这个问题。对于处在绝望之中的人是无暇作这样的思考的，而且有些人的问题也不完全是生存压力的问题，他们根本就不知道自己想干什么，对于前途很茫然。我一个朋友的弟弟就属于这种类型，他自信什么都能干，就是不知道现在该干嘛，大白天就喜欢往床上一躺，眼睛盯着天花板的某一处看。你要是跟他谈话，他也会显出痛苦的神情。

我经常骑自行车去我母校的校园，除了那些楼房还是老样子，整个气氛已经陌生了，那些背着书包在校园里走来走去的学生，在我眼中都是一些刚刚脱离奶嘴的小孩子。由此我想到当年的我和杨广，也是那么年轻，我们之间的误会真是不足挂齿。但从感情上我又不愿意与杨广重新恢复联系，我不是当年的我，杨广也不是当年的杨广，就是我想与当年的杨广恢复友谊，或向当年的杨广道歉，或向当年的杨广解释我和他绝交的原委，我也已无法回到十年之前。

그리하여 나는 사람이 성장해 나가는 데 있어 선택이란 문제의 중요성을 절실히 깨닫게 되었다. 이것은 내가 이성적 관점에서 사고해 낸 것이다. 절망에 처한 사람들은 이러한 사고를 할 여유가 없을 뿐 아니라, 어떤 사람들의 문제는 오로지 생활에 대한 중압감 문제가 아니다. 그들은 근본적으로 자신이 무엇을 하고 싶어 하는지 알지 못하며, 자신의 미래에 대해서도 매우 막연하다. 내 친구의 동생이 바로 이러한 유형에 속한다. 그는 자신이 무엇이든 할 수 있다고 자신하지만 지금 무엇을 해야 하는지 알지 못한다. 대낮에 그저 침대에 드러누워 천장의 한 곳만 쳐다보고 있을 뿐이다. 만약 당신이 그와 이야기하려 하면, 그는 곤혹스러운 표정을 지을 것이다.

나는 자주 자전거를 타고 모교 캠퍼스에 간다. 건물들은 옛 모습 그대로인데, 전체적인 분위기는 이제는 낯설다. 가방을 메고 캠퍼스 안을 지나다니는 학생들은, 내 눈에 모두 젖을 갓 뗀 어린아이들처럼 보인다. 이를 보고 나는 당시 나와 양광을 떠올렸다. 우리도 또한 그렇게 어렸었다. 우리들 사이의 오해는 정말 말할 것도 못된다. 그러나 감정적으로 나는 양광과 다시 관계를 회복하고 싶지 않다. 나는 예전의 내가 아니며, 양광 또한 예전의 양광이 아니다. 설령 내가 예전의 양광과 우정을 회복한다거나 혹은 예전의 양광에게 사과를 하거나, 혹은 예전의 양광에게 내가 그와 절교하게 된 이유를 변명하고 싶어할지라도, 나는 더 이상 10년 전으로 되돌아갈 수 없다.

无暇 wúxiá 여가가 없다, 틈[짬, 겨를]이 없다 ｜ 茫然 mángrán 무지하다, 멍청하다, 막연하다 ｜ 挂齿 guàchǐ 언급하다, 제기하다 ｜ 原委 yuánwěi (사건의) 경위, 본말, 자초지종

杨广与我交往的证明，只有一样现在还留着，就是抽烟的习惯。那时我们俩在一起，一边聊天一边吧嗒吧嗒地抽香烟。他右手的食指和中指被烟熏得发黄。我们抽的是一块二一包的"天星"，这种烟现在市场上已找不到了。后来我自己也买烟抽，开始了一个烟民的生涯，直至现在。不过说不准我哪天会把烟戒了，那么他与我交往的证明就更加稀少了。

杨广毕业前夕的一个傍晚，他找到我，说晚上有人请客，要我也去。我随他来到学校大门对面的一家小餐馆，在一张圆桌的周围已经坐了七八个人。杨广与他们打招呼，并和其中的几个人开玩笑。他把我介绍给大家，我向他们点点头。这天晚上请客的看来是靠墙坐着的一个头发梳得锃亮的年轻人，他气派十足，给每人点了一杯威士忌酒，他说洋酒喝起来过瘾。

양광과 내가 친구로 지냈던 증거로 지금까지 남아 있는 것이 딱 하나 있는데, 그것은 바로 담배 피는 습관이다. 그때 우리 둘은 같이 이야기를 나누며 담배를 뻑뻑 피워 대곤 했다. 그의 오른손 식지와 중지는 담배연기에 그을려 노랬다. 우리는 한 갑에 1.2위엔 하는 '텐싱'을 피웠는데, 지금 이 담배는 시장에서 찾아볼 수 없다. 나중에 나도 담배를 사서 피웠고, 끽연가의 생애를 시작하여 오늘에까지 이르고 있다. 언젠가 내가 담배를 끊게 된다면, 그와 내가 친구였다는 증거는 더더욱 희미해질 것이다.

　양광이 졸업하기 전날 저녁, 그가 나를 찾아와 누가 그를 저녁식사에 초대했다고 나보고도 같이 가자고 했다. 나는 그를 따라 학교 정문 맞은편의 작은 음식점에 갔다. 둥그런 탁자 주위에는 이미 예닐곱 명의 사람들이 앉아 있었다. 양광은 그들과 인사하며, 몇몇과 농담을 했다. 그는 모두에게 나를 소개시켜 주었고, 나는 그들에게 목례를 했다. 보아하니 이날 저녁 손님을 초대한 사람은 벽쪽에 기대어 앉아 있는 머리를 반지르르하게 빗은 젊은이로, 그는 패기가 넘쳐 보였다. 그는 모든 사람들에게 위스키를 한 잔씩 시켜 주었고, 양주는 마시면 기분이 통쾌하다고 말했다.

吧嗒 bāda 담배 따위를 (뻑뻑) 빨다　戒 jiè 끊다, 떼다, 중단하다　锃 zèng (기물 따위가 닦여) 반짝반짝하다, 번지르르하다, 번들번들하다　威士忌 wēishìjì 위스키　气派 qìpài 패기만만하다, (풍채가) 당당하다　过瘾 guòyǐn 만족하다[시키다], 유감없다, 실컷 하다

　　坐在他旁边，有一个留着长辫的女孩，叫包剑秋，席间年轻人对包剑秋关怀备至，宛如一对情人似的。包剑秋好像挺高兴，端着酒，叼着烟，一副满不在乎的样子。饭后我听杨广说，那个年轻人老想占包剑秋的便宜，包剑秋对他其实很讨厌的。不过从表面上我一点也看不出。听杨广的口气，那个年轻人是个混子，家境还不错，可本人却不学无术。他有一个癖好，喜欢与有艺术气质的人在一起，那天晚上他请的几乎都是那个"艾略特"诗社里活跃的分子。饭桌上年轻人大发议论："这个社会的栋梁是那些有教养的人，如在座的诸位。"听他这么一说，大家一下子振奋起来，好像我们都是有教养的人，年轻人也被自己的话感动了，招呼餐馆老板再上一盘炒仔鸡。我们吃得杯盘狼藉，只有那个年轻人很少动筷子，自顾自唠叨着有教养和没教养的区别。后来我和这次聚会的大多数人都成了朋友，当然现在都不来往了，除了包剑秋。

그의 옆자리에는 머리를 길게 땋아 내린 여자가 앉아 있었는데 이름이 바오지엔치우였다. 석상에 앉은 젊은이는 바오지엔치우를 매우 세심하게 배려해 주었는데, 마치 한 쌍의 연인 같았다. 바오지엔치우는 기분이 꽤 좋은 듯 술잔을 들고 담배를 물고, 전혀 개의치 않는 모습이었다. 식사 후 양광에게서 듣자하니, 그 젊은이는 늘 어떻게 한번 해보려고 바오지엔치우에게 수작을 걸어, 사실은 그녀가 그를 매우 싫어한다고 했다. 그러나 겉으로는 조금도 그렇게 보이지 않았다. 양광의 말로는 그 젊은이는 아무 일도 하지 않는 백수로, 가정환경은 괜찮은 편이나 본인 자체는 배운 것도 없고 재주도 없는 사람이라 했다. 그런 그에게 취미생활이라고는 예술적 기질이 있는 사람들과 어울리는 것을 좋아한다는 것이다. 그날 저녁 그가 초대한 사람들은 거의 모두가 「엘리트」라는 시사에서 활약하고 있는 사람들이었다. 식탁에서 젊은이는 크게 오버하며 말했다. "이 사회의 동량은 교양 있는 사람들, 바로 여기 이 자리에 앉아 있는 여러분 같으신 분들입니다." 그가 이렇게 말하자, 모두 자신들이 다 교양 있는 사람인 것처럼 기분이 한껏 고조되었다. 젊은이 또한 자신이 한 말에 감동을 받았는지 음식점 주인을 불러 병아리 볶음 한 접시를 더 가져오라고 했다. 우리들은 빈 그릇이 가득 쌓이게 배불리 먹었는데, 유독 그 젊은이만은 별로 음식에 젓가락을 대지 않고 교양이 있고 없음의 차이를 논하며 제멋대로 지껄여 댔다. 후에 나는 이때 모였던 대부분의 사람들과 친구가 되었다. 물론 지금은 그들과 왕래를 하지 않는다. 바오지엔치우를 제외하고는.

关怀 guānhuái 관심, 배려, 친절　备至 bèizhì 주도면밀하다, 극진하다　宛如 wǎnrú 마치[흡사] ~와 같다　叼 diāo 입에 물다　占便宜 zhàn piányi 정당치 못한 방법으로 실속을 차리다, 유리한 조건을 가지다　混子 hùnzi 무위도식하는 사람, 사이비　癖好 pǐhào 기호, 취미　栋梁 dòngliáng (한 집안이나 국가의) 기둥, 마룻대와 들보　振奋 zhènfèn 분기하다, 진작하다, (기분의) 고조　仔鸡 zǐjī 병아리[=子鸡]　杯盘狼藉 bēi pán láng jí 술자리가 끝난 뒤 술잔과 접시들이 어지럽게 흩어져 있음을 형용　唠叨 láodao 시끄럽게 떠들다, 말을 많이 하다

包剑秋现在一家大型电子管厂工作，已结婚生小孩了。我想混顿饭吃或想找个地方坐坐时，就去她家。她丈夫是与她一个厂的工人，虽然没什么文化，我想还是有教养的吧，我和他之间无话不谈。有一次和他喝酒时，我谈到这么多年来老同学老朋友中怎么单单与包剑秋保持着密切的联系。自从那次小餐馆的聚会认识包剑秋以后，包剑秋就粘上我了，拉我一起去跳舞，我告诉她我不会跳，她说她教我，保证教会我。但我是个扶不起的阿斗，到现在仍不会。后来她又给我介绍女朋友，也是谈一个吹一个。这还不算，后来她又要让她自己做我的女朋友，我说，我怕你了，不要再玩我了，好不好。我们刚从学校毕业的时候，我的一个在小树林认识的写诗的朋友闹女荒，问我能不能找到女朋友。我就做了一个引见的工作。很多天以后，我又见到那个朋友，问他对包剑秋的感觉，他只从鼻子里"哼"了一下，没有下文。此后不久包剑秋就和她现任丈夫结婚了。她丈夫听完我的这个故事，哈哈一笑说，我们还是喝酒吧。

바오지엔치우는 현재 대형 진공관 공장에서 일을 하고 있으며, 이미 결혼해서 아이를 두고 있다. 나는 밥을 대충 때우고 싶거나 혹은 어디 잠시 앉을 곳이 필요할 때면 그녀의 집에 가곤 한다. 그녀의 남편은 그녀와 같은 공장의 직원으로, 비록 배운 건 많지 않지만 나는 그런대로 그가 교양이 있다고 생각한다. 그와 나 사이에는 못하는 이야기가 없다. 한번은 그와 술을 마실 때, 내가 이렇게 긴 세월 동안 옛날 동창이나 친구들 중에서 왜 유독 바오지엔치우와만 친하게 지내오고 있는지에 대해 말하게 되었다. 그날 작은 음식점 모임에서 바오지엔치우를 알게 된 후로, 바오지엔치우는 나에게 착 달라붙어 나를 끌고 춤을 추러 갔다. 나는 그녀에게 춤을 못 춘다고 말했지만, 그녀는 자기가 가르쳐 주겠다며 내가 춤을 출 수 있게 해주겠다고 장담했다. 그러나 나는 전혀 소질이 없는 사람이라 지금까지도 춤을 못춘다. 그후에 그녀는 내게 여자친구를 소개시켜 주었는데, 마찬가지로 모두 연애하자마자 바로 헤어져 버렸다. 이것은 그래도 별것 아닌 것에 속한다. 나중에는 자기가 내 여자친구가 되겠다고 했다. 나는 그녀가 무섭다며 다시는 나를 놀리지 말라고 했다. 우리가 학교를 막 졸업했을 무렵, 작은 숲에서 알게 된 시를 쓰는 친구가 있었는데, 그는 여자 타령을 해 대며 자신에게 여자친구를 소개해 줄 수 있는지 물었다. 그리하여 나는 소개팅을 주선했다. 오랜 시일이 지난 후 다시 그 친구를 만나게 됐고, 그에게 바오지엔치우에 대한 느낌을 물어보았다. 그러나 그는 콧방귀만 낄 뿐 뒷말이 없었다. 그로부터 얼마 안 돼 바오지엔치우는 지금의 남편과 결혼을 했다. 그녀의 남편은 내 이 이야기를 다 듣고는 껄껄 웃으며 술이나 마시자고 말했다.

混 hùn 아무렇게나, 되는대로 粘 zhān 붙다, 달라붙다, (풀로) 붙이다 阿斗 ādǒu 무능한 사람, 쓸모없는 사람[아두(阿斗)는 삼국시대 촉(蜀)의 후주(後主)인 유선(劉禪)의 아명으로, 그의 부친인 유비(劉備)와는 달리 매우 무능하고 재주가 없었다 하여, 그후로 재능이 없고 무능한 사람을 아두로 비유함] 引见 yǐnjiàn 소개하다, 접견하다, 알현하다 下文 xiàwén 일의 진전 또는 성과, 아래[다음, 뒷]문장

前几天我去包剑秋家,闲谈中她问我:"以前常跟你一起玩的那个男孩现在怎么样了?"我一时没反应过来。"就是那个胖胖的,老是拿着防裂油往嘴唇上抹的?"我意识到她是在说杨广,就随便敷衍了几句。在回去的路上,我就开始回想杨广,但杨广的面貌已含混不清,我只好借助于想象,想象他与我交往的所有细节,想象当初学校里的情景。这么些年过去了,以前的一切都不太真实,包剑秋也已老得不成样子,难以推知她当年的容颜,我大概也一样。横穿时空留下的只是那一张黑白照片,不过它也旧了,有些发黄。

防裂油 fánglièyóu 입술 보호제　敷衍 fūyan 일을 하는데 성실하지 않게 (대충대충) 하다, 사람을 무성의하게 대하다, 억지로 유지하다　含混 hánhùn 모호하다, 명확하지 않다　不成样子 bù chéng yàngzi 몰골이 사납다, 꼴이 말이 아니다　推知 tuīzhī 추측하다　容颜 róngyán 용모, 모습, 생김새

 며칠 전 나는 바오지엔치우 집에 갔는데 이야기 중에 그녀가 내게 물었다. "예전에 너랑 자주 같이 어울려 놀던 그 남자는 지금 어떻게 됐어?" 나는 누구를 말하는지 바로 알아차리지 못했다. "왜 살 좀 찌고, 항상 립글로즈를 가지고 다니면서 입에 바르던 그 사람 말이야!" 나는 그녀가 양광을 말하는 것이라는 걸 알고는, 그저 대충 몇 마디로 얼버무렸다. 돌아오는 길에 나는 양광을 회상했다. 그러나 양광의 얼굴이 흐릿하니 잘 생각나지 않았다. 나는 할 수 없이 상상에 의존해 그와 내가 사귀었던 모든 부분들, 예전에 학교에서의 정경들을 상상하였다. 이렇게 몇 년의 세월이 흘러가 예전의 모든 것들은 이제 실제와 다르다. 바오지엔치우도 이젠 나이를 먹어 꼴이 말이 아니라서 왕년의 그녀 모습을 추측하기란 쉽지 않다. 나 또한 그렇다. 시간과 공간을 가로질러 남아 있는 것이라곤 한 장의 흑백사진뿐이지만, 그마저 낡아서 빛이 바랬다.

연습문제 2

1 본문을 읽고 다음 물음에 답하시오.

(1) "刚进大学的头一年"这指的是哪一年？

　　A. 进大学的第一年
　　B. 进大学的前一年
　　C. 进大学的那一年

(2) 如今让作者加倍珍惜的那张照片是 ——

　　A. 我放在宿舍窗户旁的那张
　　B. 我在宿舍窗户旁照的那张
　　C. 小苏州为我拍的唯一一张黑白照片

(3) 与"她长得一点不漂亮"意思一致的一句是 ——

　　A. 她长得不太漂亮
　　B. 她长得很不漂亮
　　C. 她长得不是很漂亮

(4) 下面哪一项是"我"对女人的看法？

　　A. 不管多好的女人都是虚荣和虚伪的
　　B. 女人都是虚荣和虚伪的
　　C. 只要是女人难免虚荣和虚伪

(5) 如何理解"那里面虚假的成分可以挤出水"？
   A. 女人的言行里面有很多水分
   B. 女人的言行里面虚假的成分很多
   C. 女人的言行里面虚假的成分像水一样多

(6) 下列句子中符合原文意思的一句是——
   A. 除了包剑秋，我和参加聚会的大多数人都成了朋友
   B. 我和参加聚会的除了包剑秋之外的大多数人都不再来往了
   C. 这次聚会的人当中我只和包剑秋还保持着来往

2 본문의 내용과 일치하면 O, 다르면 ×표를 하시오.

(1) 杨广的女朋友总是对我不理不睬的。(　　)
(2) 我和杨广之间算不上是真正的朋友。(　　)
(3) 杨广在写作上给我的启发是微乎其微的。(　　)
(4) 我觉得自己在杨广面前像个学徒。(　　)
(5) 我认为男女之间的爱都是物质之爱。(　　)
(6) 我跳起舞来就像个扶不起的阿斗一样。(　　)

3 녹음을 듣고 빈칸에 들어갈 말을 써 넣으시오.

   (1) 她脑后(　)着一束头发, 眼睛也(　)大的, 身材也属(　)的那个类型。

   (2) 在做人上, 他性格(　　), 自信洒脱, 与我的卑微自怜, (　　　)形成对比。

   (3) 她与我没有任何(　　), 她(　　　)地路过我身边又消失。

   (4) 我感觉到自己的生存受到(　　), 当时也就是学习受到(　　)。

   (5) 他(　　)十足, 给每人点了一杯威士忌酒, 他说洋酒喝起来(　　　)。

4 다음 문장을 자연스러운 우리말로 옮기시오.

   (1) 人之间的关系就是这样, 有时候无意中你就闯入了别人的生活, 有时候你再怎么渴望或努力, 你也无法接近他。

   ···▶

(2) 那时我们俩在一起，一边聊天一边吧嗒吧嗒地抽香烟，他右手的食指和中指被烟熏得发黄。

⋯▶

(3) 我听杨广说，那个年轻人老想占她的便宜，她对他其实很讨厌的。

⋯▶

5 다음 문장을 자연스러운 중국어로 옮기시오.

(1) 나는 생활하면서 우리가 사랑에 대해 말할 수는 있지만, 쉽게 누군가에게 사랑한다고 말해서는 안 되며, 또한 쉽게 자신이 누군가를 사랑하고 있다고 여겨서도 안 된다고 생각한다.

⋯▶

(2) 모든 사람은 모두 진실과 거짓 사이에 놓여 있고, 매 시각마다 우리의 위치는 모두 다르며, 우리의 사고 또한 매우 다를 것이다.

⋯▶

작가 소개 **우천쥔(吴晨骏)**

1966년 난징(南京) 태생. 시인, 소설가, 문예비평가로 왕성한 활동을 하고 있는 소장파 문인이다. 80년대 말에 시인으로 등단한 후 주옥 같은 시들을 중국 시 전문 잡지인「中国新诗年鉴」,「中国诗年选」,「中国最佳诗歌」에 발표해 주목을 받았다. 90년대 들어서면서부터는 시보다는 주로 소설 창작에 힘쓰고 있다. 단편소설집인『明朝书生』,『我的妹妹』를 발표하였고, 최근에는 탐정소설 형식을 빈『精疲力尽』(2004)이라는 작품을 발표해서 독자들의 사랑을 받고 있다. 2000년도에는 젊은 신진작가들에게 수여하는 '小花小说奖'을 받기도 하였다.

작품 해설 이 작품은 작가가 자신의 대학생활을 회고하면서 쓴 자전적 에세이다. 누구든지 낭만과 열정으로 가득 찬 멋지고 아름다운 대학생활을 동경하고, 이를 위해 젊은 시절 소중한 대학생활을 영위했을 것이다. 과연 우리가 꿈꿔왔던 대학시절은 장밋빛 가득했던 시간이었을까? 이렇게 시간이 흘러 저만치에서 우리의 대학생활을 회고해 보면 우리의 청춘은 찬란하고도 암울했던 시간들로 점철되어 있을 것이다. 작가는 대학시절 기숙사에서 찍었던, 지금은 빛바랜 낡은 '사진'을 통해 자신의 찬란하고도 암울했던 청춘을 회상해 내고 있다. 이 속에는 양광이라는 절친한 친구와의 우정과 절연, 이성에 대한 성적 호기심과 연애, 시에 대한 열정, 불투명한 미래에 대한 방황과 고민, 사색의 흔적이 고스란히 담겨 있다. 이 작품을 읽어 내려가며 독자들은 골치 아픈 문학적 분석과 평가를 내릴 필요가 없다. 그저 작가의 평이한 서술 전개를 좇아 작가가 지나온 청춘의 터널을 거슬러 올라가다 보면, 어느새 자신의 젊은 시절의 자화상을 만나게 될 것이다. 편안한 마음으로 읽어 내려가며 아름답고 찬란했던 자신만의 청춘시절을 반추해 봄이 어떨지…….

坚硬的稀粥

굳건히 우리 곁을 지키는 흰죽

我们家的正式成员包括爷爷、奶奶、父亲、母亲、叔叔、婶婶、我、妻子、堂妹、妹夫,和我那个最可爱的瘦高挑儿子。他们的年龄分别是88岁、84岁、63岁、64岁、61岁、57岁、40岁、40岁……16岁。梯形结构合乎理想。另外,我们有一位比正式成员还要正式的不可须臾离之的非正式成员——徐姐。她今年59岁,在我们家操持家务已经40年,她离不开我们,我们离不开她。而且,她是我们大家的"姐",从爷爷到我儿子,在徐姐面前天赋人权,自然平等,一律称她为"姐"。

우리 집 정식 구성원으로는 할아버지, 할머니, 아버지, 어머니, 숙부, 숙모, 나, 아내, 사촌 누이, 매부, 그리고 가장 사랑스런 키 크고 마른 나의 아들이 있다. 이들의 나이는 각각 88세, 84세, 63세, 64세, 61세, 57세, 40세, 40세……16세이다. 이런 계단형 구조는 매우 이상적이다. 그 밖에, 우리 집에는 정식 구성원보다 더 정식적이며 잠시도 떼어놓을 수 없는 비정식 구성원인 쉬 누님이 계시다. 그녀는 올해 59세로 우리 집에서 집안일을 돌본 지 이미 40년이나 되었다. 그녀는 우리와 떨어질 수 없으며 우리도 그녀와 떨어질 수 없다. 게다가 그녀는 우리 모두의 '누님'으로, 할아버님으로부터 우리 아들에 이르기까지 쉬 누님 앞에서는 모두 천부인권, 자연평등으로, 일제히 그녀를 '누님'이라고 부른다.

婶婶 shěnshen 숙모, 작은어머니 | 高挑 gāotiǎo (키가) 크고 늘씬하다 | 合乎 héhū ~에 부합하다 | 须臾 xūyú 잠시, 잠깐 | 操扯 cāochě (적극적으로) 종사하다

我们一直生活得很平稳，很团结。包括是否认为今夏天气过热，喝茶是喝八块钱一两的龙井还是四毛钱一两的青茶，用香皂用白兰还是紫罗兰还是金盾，大家一律听爷爷的。从来没有过意见分歧，没有过论证争鸣相持不下，没有过纵横捭阖，明争暗斗。连头发我们也是留的一个式样，当然各分男女。

几十年来，我们每天早晨六点十分起床，六点三十五分，徐姐给我们准备好了早餐：烤馒头片、大米稀饭、腌大头菜。七点十分，各自出发上班上学。爷爷退休以后，也要在这个时间出去到街道委员会执勤。中午十二时，回来，吃徐姐准备好的炸酱面。小憩一会儿，中午一时三十分，再次各自出发上班上学。爷爷则午睡至三时半，起来再次洗脸漱口，坐在躺椅上喝茶读报。到五点左右，爷爷奶奶与徐姐研究当晚的饭。研究是每天都要研究的，而且不论爷爷奶奶还是徐姐，对这一课题兴致勃勃。但得出的结论大致不差：今晚上么，就吃米饭吧。菜吗，一荤、一半荤半素、两素吧。汤呢，就不做了吧。就做一回吧。

우리는 줄곧 평화롭고 화목하게 생활해 왔다. 올 여름을 매우 덥다고 생각하는지 아닌지를 포함하여, 50g에 8위엔 하는 룽징차를 마실지 아니면 4마오짜리 녹차를 마실지, 비누로 바이란을 쓸지 즈뤄란을 쓸지 아니면 진둔을 쓸지, 우리는 예외 없이 모두 할아버님의 말씀을 따랐다. 여태껏 의견이 엇갈린 적이 없었고, 논쟁을 벌이며 의견을 굽히지 않은 적이 없으며, 이간질하고 옥신각신 다툰 적 또한 없었다. 머리조차도 우리는 같은 모양으로 길렀다. 물론 남녀는 각각 따로였지만.

몇십 년 동안 우리는 매일 아침 6시 10분에 일어났고, 6시 35분이면 쉬 누님이 우리에게 아침으로 구운 찐빵, 흰죽, 절인 양배추를 준비해 주셨다. 7시 10분에 우리는 각자 출근하거나 등교를 했다. 할아버님은 퇴직을 하신 뒤로 이 시각에 거리위원회로 일을 하러 나가셨다. 낮 12시가 되면 모두 돌아와서 쉬 누님이 준비해 주시는 자장면을 먹었다. 그리고 조금 쉬다가 1시 반에 다시 각자 직장으로 학교로 돌아갔다. 할아버님은 오후 3시 반까지 낮잠을 주무신 후 일어나셔서 다시 세수와 양치질을 하시고, 의자에 앉아 차를 마시며 신문을 읽으셨다. 5시경이 되면 할아버님, 할머님은 쉬 누님과 함께 그날 저녁거리에 대해 연구를 하셨다. 연구는 매일 행해졌으며 할아버님, 할머님뿐 아니라 쉬 누님도 이 연구과제에 대단한 흥미를 가지고 계셨다. 그러나 얻는 결론은 항상 별반 차이가 없었다. 예컨대 오늘 저녁은 말이지, 쌀밥을 먹자. 반찬은, 고기 반찬 한 가지, 고기와 채소를 섞은 반찬 한 가지, 채소 반찬 두 가지. 국은, 그냥 하지 말자. 아니면 한 번 만들든지.

分歧 fēnqí 어긋나다, 엇갈리다, 불일치하다 　争鸣 zhēngmíng 논쟁을 하다 　相持 xiāngchí 쌍방이 대립하다 　纵横捭阖 zòng héng bǎi hé (정치, 외교상) 수완을 부려 연합·분열·이간·포섭을 하다 　明争暗斗 míng zhēng àn dòu 옥신각신하다 　馒头片 mántoupiàn 속에 소가 들어있지 않는 찐빵 　腌 yān (소금·설탕·간장·술 따위에) 절이다 　大头菜 dàtóucài 양배추 　执勤 zhíqín 근무를 집행하다, 당직을 맡다 　小憩 xiǎoqì 잠깐 쉬다 　漱口 shùkǒu 양치질하다, 입을 가시다 　兴致勃勃 xìngzhìbóbó 흥미가 솟아나다, 흥미진진하다 　荤 hūn 생선이나 육류로 만든 요리, 고기 요리 　素 sù (생선이나 고기를 넣지 않은) 채소 요리

研究完了，徐姐进厨房，劈哩啪啦响了三十分钟以后，总要再走出来，再问爷爷奶奶："瞧我糊涂的，我忘了问您老二位了，咱们那个半荤半素的菜，是切肉片还是肉丝呢？"这个这个，这确实是一个重大的问题。爷爷和奶奶互瞟了一眼，做了个眼色，然后说："就吃肉片吧。"或者说："就吃肉丝吧。"然后，意图得到了完满的贯彻。

大家满意。首先是爷爷满意。爷爷年轻时候受过许多苦。他常常说："顿顿吃饱饭，穿囫囵衣裳，家里有一切该有的东西，而又子孙团聚，身体健康，这是过去财主东家也不敢想的日子。你们哪，可别太狂妄了啊，你们哪里知道挨饿是啥滋味？"然后爸爸妈妈叔叔婶婶都声明说，他们没忘记挨饿的滋味。饿起来腹腔一抽一抽的，脑袋一坠一坠的，腿肚子一沉一沉的，据他们说饿极了正像吃得过多了一样，哇哇地想呕吐。我们全家，以爷爷奶奶为首，都是知足常乐哲学的身体力行者与现今体制的忠实支持者。

연구가 끝나면 쉬 누님은 주방에 들어가셨다. 뚝딱뚝딱 소리가 30여 분 가량 울린 후, 쉬 누님은 항상 다시 밖으로 나와서 할아버님과 할머님께 묻곤 하셨다. "내 정신 좀 봐요. 두 분께 여쭤 보는 것을 깜박 했네요. 고기와 채소를 섞는 반찬 만들 때 고기는 얇게 저밀까요, 아니면 채를 썰까요?" 이런 것들은 확실히 중대한 문제였다. 할아버님, 할머님은 곁눈질로 서로를 바라보시고 눈짓을 한 후에 "고기는 저미지" 혹은 "채를 썰지"라고 말씀하셨다. 이리하여 의도한 대로 완벽하게 실행되었다.

그리고 모두가 만족해했다. 우선 할아버님께서 만족해하셨다. 할아버님은 젊으셨을 적에 고생을 많이 하셨다. 할아버님은 "매끼 배불리 먹고, 성한 옷을 입고, 집에 있어야 할 것들이 모두 있고, 또 자손들이 한자리에 다 모여 있고, 다들 신체 건강하니, 이것은 과거 부잣집이나 지주들조차도 감히 생각하지 못했던 나날들이다. 너희들은 결코 오만 방자하게 행동해선 안 된다. 굶주리는 것이 어떤 심정인지 너희들이 어떻게 알겠느냐?"하고 종종 말씀하셨다. 그러면 아버지, 어머니, 숙부, 숙모님은 모두 이구동성으로 배고픈 것이 어떤 심정인지 잊지 않았다고 대답하셨다. 배가 고프기 시작하면 뱃가죽이 오그라들고 머리는 밑으로 축 처지며 장딴지는 묵직해진다. 또 그분들 말씀에 따르면 극도로 배가 고프면 마치 너무 많이 먹었을 때처럼 속이 메슥거려 토하고 싶어진다고 했다. 우리 가족은 할아버님, 할머님을 필두로 모두 만족하며 즐겁게 생활하려고 하는 안분지족 철학의 실천자들이며 현 체제의 충실한 지지자들이었다.

劈里啪啦 pīlipālā 탁탁, 탕탕, 착착[폭죽·권총이나 박수·비 따위의 연속된 소리　**糊涂** hútú 어리석다, 얼떨떨하다, 흐리멍덩하다　**瞟** piǎo 곁눈질하다, 곁눈질로 힐끗 보다　**眼色** yǎnsè 눈짓　**完满** wánmǎn 완전무결하다, 결점이 없다, 원만하다　**囫囵** húlún 통째로, 송두리째, 되는대로　**东家** dōngjia (옛날 상점, 중소기업의) 자본주, 소작인이 지주를 이르는 말　**狂妄** kuángwàng 몹시 방자하고 오만하다, 분별없다　**滋味** zīwèi 맛, 재미, 흥취, 기분, 심정　**腹腔** fùqiāng 복강　**抽** chōu 수축하다, 줄어들다　**坠** zhuì (무거워) 아래로 늘어지다, 떨구다, 처지다

这几年情况突然发生了变化。新风新潮不断涌来。短短几年，家里突然有了彩电、冰箱、洗衣机，而且儿子说话里常常出现英文词儿，爷爷很开明开放，每天下午午睡后从报纸上、晚饭后从广播和电视里吸收新名词新观念。他常征询大家的意见："看咱们家的生活有什么需要改革改善的没有？"

大家都说没有，徐姐更是说，但愿这样的日子一代一代传下去，天天如此，年年如此，世世代代，永远如此。我儿子终于提了一个建议，提议以前挤了半天眼睛，好像眼睛里爬进了毛毛虫。他建议，买个收录机。爷爷从善如流，批准了。家里又增添了红灯牌立体声收录机。刚买来时很高兴，你讲一段话，他唱一段戏，你学个猫叫，她念一段报纸，录下来然后放出音来，自己与家人共同欣赏欢呼鼓掌，认为收录机真是个好东西，认为爷爷的父辈祖辈不知收录机为何物，实在令人叹息。

征询 zhēngxún 의견을 널리 구하다　挤眼（睛）jǐ yǎn(jing) 눈짓하다, 눈짓으로 알리다　毛毛虫 máomaochóng (송충이 따위의) 모충　从善如流 cóng shàn rú liú 남의 충고를[비판을] 잘 받아들이다

그런데 요 몇 년 새 갑자기 변화가 생겼다. 새로운 풍조와 물결이 끊임없이 밀려들어 왔다. 요 몇 년 새 집에는 컬러텔레비전과 냉장고, 세탁기가 생겼고, 또 아들 녀석의 입에서는 영어 단어가 자주 등장했다. 할아버님은 매우 진보적이고 개방적인 분으로, 매일 오후 낮잠 후에는 신문으로부터, 저녁을 드시고 난 후에는 라디오와 텔레비전으로부터 새로운 어휘와 사상들을 받아들이셨다. 할아버님은 자주 우리에게 의견을 물으셨다.
"우리 가족이 생활하는 데 뭐 바꾸거나 개선했으면 하는 점은 없느냐?"

모두들 없다고 말했다. 쉬 누님은 오로지 계속 이렇게 살아갈 수 있기만을 바란다고 말했다. 매일 이렇게, 해마다 이처럼, 자자손손 대대로, 영원히 이와 같이. 아들 녀석이 마침내 건의를 했는데, 건의하기 전 하도 눈짓을 보내길래, 눈에 벌레가 기어 들어간 줄 알았다. 아들은 녹음기를 사자고 건의했다. 할아버님은 건의를 잘 받아들이시는 분이라 승낙하셨다. 집에 홍덩표 스테레오 녹음기가 한 대 또 늘었다. 녹음기를 막 사가지고 왔을 때 모두들 매우 기뻐했다. 다들 말 한번 해보고, 노래 한 소절 불러 보고, 고양이소리도 내 보고, 신문 한 단락 읽어 보기도 하고, 이렇게 다 녹음시킨 후에 다시 재생시켜서 가족과 다 함께 감상하면서 박수도 치고 환호성도 질렀다. 모두들 녹음기야말로 좋은 물건이라고 생각했다. 또 할아버님의 아버지, 할아버지 세대는 녹음기가 어떤 물건인지 몰랐을 것을 생각하니 탄식이 절로 나왔다.

两天以后就降了温。买几个"盒儿带"来，唱的还不如收音机电视机里放送的好。于是，收录机放在一边接土蒙尘。大家便认识到，新技术新器物毕竟作用极为局限，远远不如家庭的和谐与秩序更重要。远不如老传统更耐用——还是"话匣子"好哇！

那一年决定取消午睡，中午只休息40分钟—1小时，很使全家骚动了一阵子。先说是各单位免费供应午餐，令我们既喜且忧。喜的是白吃饭，忧的是不习惯。果然，吃了两天就纷纷反映上火，拉不出屎来，没有几天宣布免费供应的午餐取消，叫人迷惑。这可怎么办呢？爷爷教育我们处处要带头按政府指的道儿走，于是又买饭盒又带饭，闹腾了一阵子。徐姐也害得失眠、牙疼、长针眼、心律不齐。不久，各机关自动把午休时间延长了。

耐用 nàiyòng 견디다, 질기다, 오래가다　话匣子 huàxiázi 축음기, 라디오　骚动 sāodòng 소동을 일으키다, 떠들썩해지다, 술렁거리다　上火 shàng huǒ 상초열이 나다[대변이 건조해지거나 혹은 구강 점막·비강 점막·결막 등에 염증이 생기는 증상을 말함]　拉屎 lā shǐ 대변을 보다　迷惑 míhuo 판단력을 잃다, 아리송하게 되다　闹腾 nàoteng 소란을 피우다, 혼란을 일으키다　针眼 zhēnyan 다래끼　心律 xīnlǜ 심장의 리듬

　그런데 이틀이 지나자 열기가 식었다. 테이프를 몇 개를 사 왔지만 노래가 라디오나 텔레비전에서 방송되는 것보다 못했다. 그리하여 녹음기는 한쪽 구석에 처박혀 먼지만 쌓여 갔다. 모두들 새로운 기술이나 새로운 기계의 역할은 극히 제한적이라 가정의 화목과 질서보다는 중요하지 않다는 것을 깨달았다. 구식이지만 뭐니뭐니해도 더 오래 쓰는 '축음기'가 낫다!

　그해 낮잠이 폐지되면서 점심시간이 40분~1시간 쉬는 것으로 결정돼 온 가족이 한바탕 난리가 났다. 우선은 각 직장에서 무료로 점심을 제공한다고 하여 기쁘기도 했지만, 걱정이 되기도 했다. 기쁜 것은 공짜로 밥을 먹을 수 있어서였고, 걱정이 된 것은 습관이 안 되어서였다. 과연 이틀을 먹고 나자 모두들 변비가 생겨 대변을 볼 수 없었다. 또 며칠 안 돼 직장에서는 무료로 제공하던 점심식사를 취소하겠다고 발표해 사람들을 갈팡질팡하게 만들었다. 이제 어떻게 해야 하나? 할아버지는 우리에게 모든 일에 솔선수범하여 정부가 지시하는 방향을 좇아야 한다고 가르치셨다. 그리하여 우리들은 파는 도시락을 사 먹거나 밥을 싸 가는 등 한바탕 소란을 벌였다. 쉬 누님은 그 때문에 수면 부족, 치통, 눈 다래끼, 부정맥을 앓으셨다. 얼마 안 돼 각 직장에서는 자동으로 점심시간을 연장했다.

有的虽不明令延长却也自动推后了下午上班时间,但没有推后下班时间。我们家又恢复了中午的炸酱面。徐姐的眼睛不再起包儿,牙齿不再上火,睡觉按时始终,心脏每分钟70—80次有规律地跳。

新风日劲、新潮日猛,万物动观皆自得,人间正道是沧桑。在兹四面反思含悲厌旧,八方涌起怀梦维新之际连过去把我们树成标兵模范样板的亲朋好友也启发我们要变动变动,似乎是在广州要不干脆是在香港乃至美国出现了新的样板。于是爷爷首先提出,由元首制改行内阁制度,由他提名,家庭全体会议(包括徐姐,也是有发言权的列席代表)通过,由正式成员们轮流执政。除徐姐外都赞成,于是首先委托爸爸主持家政,并议决由他来进行膳食维新。

어떤 곳은 비록 시간 연장을 명하지는 않았지만 자동으로 오후 출근시간이 늦춰졌다. 그러나 퇴근시간을 늦추지는 않았다. 우리 집은 다시금 점심에 자장면 먹던 생활을 회복하게 되었다. 쉬 누님의 눈에는 더 이상 다래끼가 생기지 않았고 치아에도 더 이상 염증이 나지 않았으며, 제 시간에 자고 일어나니 심장 박동수도 1분당 70~80회로 정상적으로 뛰게 되었다.

새로운 풍조와 물결이 나날이 거세지고, 만물도 변하고 뜻한 바를 이루게 되니, 인간사 또한 심한 변천을 겪게 되었다. 사방에서 과거를 돌이켜 보며 반성하고, 여기저기서 개혁의 목소리가 커져 가는 이때, 과거 우리 집을 본보기로 삼던 친척과 친구들까지도 우리 집보고 개혁을 해야 한다고 촉구하기 시작했다. 마치 광저우에서, 아니면 아예 홍콩이나 미국에서 새로운 개혁의 본보기가 출현이나 한 것처럼. 그리하여 할아버님께서는 먼저 원수제를 내각제로 바꾸고, 할아버님께서 거명을 하시면 가족 전체 회의(발언권을 가진 참관 대표인 쉬 누님을 포함하여)에서 통과시켜 정식 구성원이 돌아가며 집을 관리할 것을 제안하셨다. 쉬 누님 외에 모두가 찬성을 했다. 그리하여 우선 아버지께 집안일 관리를 위임하고, 아울러 식사를 새롭게 개혁하는 일도 아버지가 진행하는 것으로 의결했다.

包 bāo (물체나 몸에 난) 돌기, 혹, 종기 | 沧桑 cāngsāng 세상의 변천이 몹시 심함 | 兹 zī 지금, 여기에 | 标兵 biāobīng 표본[모범]으로 삼을 만한 사람이나 단위 | 样板 yàngbǎn (학습상의) 본보기, 견본, 표본, 모델 | 列席代表 lièxídàibiǎo 옵서버[정식 대표의 자격이 없어 표결에 참여하지 않음] | 轮流 lúnliú 교대로 하다, 돌아가면서 하다 | 膳食 shànshí 식사, 음식

爸爸一辈子在家内是吃现成饭、做现成活(即分派给他的活)。这回由他负责主持做饭大业,他很不好意思也很为难。遇到买什么样的茶叶做不做汤吃肉片还是肉丝这样的大事,一概去问爷爷。他不论说什么话做什么事,都习惯于打出爷爷的旗号。"老爷子说了,蚊香要买防虫菊牌的。""老爷子说了,今儿晚上就不做汤了""老爷子说了,洗碗不要用洗涤剂了,那化学的玩艺儿兴许有毒。还是温水加碱面,又节省,又干净。"

这样一来就增加了麻烦。徐姐遇事问爸爸,爸爸不做主,再去问爷爷,问完爷爷再一口一个老爷子说的向徐姐传话,还不如直接去问爷爷便当。直接去问爷爷吧,又怕爸爸挑眼而爷爷嫌烦,爷爷嫌烦也是真的,几次对爸爸说:"这些事你做主嘛,不要再来问我了。"于是爸爸告诉徐姐:"老爷子说了,让我做主,老爷子说了,不让我再问他。"

아버지는 평생을 집에서 지어 놓은 밥만 드시고, 맡겨진 일(즉 그에게 부과된 일)만 하신 분이다. 그런데 이번에는 아버지가 직접 책임지고 식사를 준비하는 커다란 임무를 맡게 되셨다. 이에 아버지는 매우 계면쩍어 하시며 난감해하셨다. 어떤 찻잎을 사야 하는지, 국을 준비해야 하는지 마는지, 저민 고기를 먹을 것인지 아니면 채 썬 고기를 먹을 것인지 등등의 일에 맞닥뜨리자, 아버지는 일일이 할아버님께 가서 여쭈어 보았다. 아버지는 무슨 말을 하시든 무슨 일을 하시든 간에 모두 할아버지의 이름을 내거는 것이 습관이 되셨다. "할아버님께서 모기향은 팡충쥐 것으로 사라고 하셨어." "할아버님께서 오늘 저녁은 국을 준비하지 말라고 하셨어." "할아버님께서 설거지할 때는 세제를 쓰지 말라고 하셨어, 화학물질에 독성이 섞여 있을지도 모른다고. 따뜻한 물에 소다를 넣으면 절약도 되고 더 깨끗하대."

이리하여 일만 더 번거롭게 되었다. 쉬 누님은 일이 생길 때마다 아버지께 여쭈었고, 아버지는 당신 생각대로 처리하지 않고 할아버님께 다시 여쭈어 보았으며, 할아버님의 말씀 하나하나를 다시 그대로 쉬 누님에게 전하셨다. 이는 할아버님께 직접 가서 여쭙는 것만큼 편리하지 못했다. 그러나 직접 할아버님께 여쭙자니 아버지가 트집을 잡을까 두렵고, 또 할아버님께서 귀찮아하실까 두려웠다. 사실 할아버님도 귀찮으셔서 몇 차례 아버지에게 말씀하셨다. "이런 일들은 네가 직접 결정해도 되잖니. 더 이상 내게 와서 묻지 말거라." 그러자 아버지는 쉬 누님에게 말씀하셨다. "할아버님께서 나보고 직접 결정하라고 하시네. 할아버님께서 더 이상 묻지 말라고 하시네."

现成 xiànchéng 이미 갖추어져[만들어져] 있는 一概 yígài (예외 없이) 전부, 모조리 旗号 qíhào 명의, 명목 蚊香 wénxiāng 모기향 洗涤剂 xǐdíjì 세제 兴许 xīngxǔ 혹은, 이쩌면 碱 jiǎn 소다, 알칼리 节省 jiéshěng 아끼다, 절약하다 便当 biàndang 편리하다, 형편이 좋다 挑眼 tiāoyǎn (주로 태도, 예의범절에서) 결함을 들추다, 트집 잡다 嫌烦 xiánfán 싫증이 나다, 진절머리가 나다

叔叔和婶婶有些窃窃私语。说了些什么,不知道。但很可能是既不满于爸爸的无能,又怀疑爸爸是不是拉大旗、假传圣旨,也不满于爷爷的不放手,同样不满于徐姐的啰嗦,乃至不满于大家为何同意了实行内阁制与通过了爸爸这样的内阁人选。

爷爷有所觉察,好好地开导了一次爸爸,说明下放权力是大趋势。爸爸无奈,答应不再动辄以爷爷的名义行事。爸爸也来了一个下放权力,明确做不做汤与肉片肉丝之间的选择权全由徐姐决定。

徐姐不答应。我怎么做得了主啊,她垂泪垂涕辞谢,惶恐得少吃了一顿饭。但大家都鼓励她:"你在我们家做了这么多年了,你应该有职有权嘛!你管起来吧,我们支持你!你想买什么就买什么,你想做什么就做什么,你给什么我们就吃什么,我们信任你!"

徐姐终于破涕为笑,感谢家人对她的抬举。一切照旧,但人们实际上都渐渐挑剔起来。都知道这饭是徐姐一手操办的,没有尚方宝剑为来历为依据,从下意识的不敬开始演变出上意识的不满意。

숙부와 숙모는 소곤소곤 속삭이셨다. 무슨 말씀을 나누셨는지는 모른다. 하지만 아마도 아버지의 무능함이 불만일 테고, 아버지가 개혁이라는 모토 아래 거짓으로 할아버님의 뜻을 전하는 것은 아닌지 의심이 갈 테고, 또 완전히 손을 떼지 않는 할아버님이 불만일 테고, 쉬 누님의 잔소리가 불만일 테며, 더 나아가 모두가 내각제 실시에 동의한 것과 아버지 같은 사람을 내각 각료로 통과시킨 것이 불만일 테다.

할아버님께서도 눈치를 채셨는지 아버지를 잘 가르쳐 주셨고, 권력을 아랫사람에게 이관하는 것이 대 추세라고 설명하셨다. 그러자 아버지도 어쩔 수 없이 다시는 걸핏하면 할아버님을 들먹거리며 일을 처리하지 않겠다고 약속하셨다. 아버지 또한 권력을 동일하게 이관하셨는데, 국을 만들 것인지 아닌지, 고기를 저밀지 채를 썰지 등의 선택은 전부 쉬 누님이 알아서 결정하도록 했다.

쉬 누님은 승낙하지 않았다. 자신이 어떻게 마음대로 일을 처리하냐면서 눈물을 흘리며 극구 사양했고, 또 놀라고 두려워 밥을 한 끼 걸렀다. 그러나 모두들 그녀에게 용기를 북돋우며 "우리 집에서 이렇게 오랜 세월을 함께 했는데 그만한 직책과 권리쯤은 당연히 있어야죠! 쉬 누님이 관리하세요. 우리가 누님을 밀어 줄게요! 누님이 사고 싶은 걸로 알아서 사시고, 만들고 싶은 걸로 알아서 만드세요. 우리들은 누님이 만들어 주는 대로 먹을 테니까요. 우리는 누님을 믿어요!"

쉬 누님은 마침내 울다가 웃으며 가족들이 그녀를 지지해 주는 것에 대해 감사했다. 이로써 모든 것은 예전과 같이 됐지만 사실 사람들은 점점 트집을 잡기 시작했다. 모두들 이 밥이 쉬 누님 혼자 결정한 것이며, 할아버님의 권위가 뒷받침되어 있지 않다는 것을 알자, 무의식중의 불경한 마음을 의식적인 불만으로 표출하기 시작했다.

窃窃私语 qièqiè sīyǔ 소곤소곤 속삭이다   拉大旗 lā dàqí 권세나 권위를 이용하여 남을 위협하거나 기만하다   圣旨 shèngzhǐ 임금의 뜻[명령], 분부   动辄 dòngzhé 툭하면, 걸핏하면   辞谢 cíxiè 사절하다   惶恐 huángkǒng 황공해하다   破涕为笑 pò tì wéi xiào 울다가 갑자기 웃다   抬举 táiju (사람을) 밀어 주다, 발탁하다   挑剔 tiāotī 지나치게 트집 잡다   尚方宝剑 shàngfāng bǎojiàn 상급 기관이 하급 기관에 중대한 문제를 스스로 처리하도록 부여한 권한

首先是我的儿子，接着是堂妹堂妹夫，然后是我妻子和我，开始散播一些讽刺话。"我们的饭是四十年一贯制，快成了文物啦！"

"因循守旧，墨守成规，凝固僵化，不思进取！""我们家的生活是落后于时代的典型！""徐姐的局限性太大嘛，文化素质太低嘛！人倒是好，就是水平太低！想不到我们家八十年代过着徐姐水平的生活！"

徐姐浑然不觉，反倒露出了些踌躇意满的苗头。她开始按照她的意思进行某些变革了。首先把早饭里的两碟腌大头菜改为一碟分两碟装，把咸菜上点香油变成无油，把中午的炸酱由小碗肉丁干炸改为水炸，把平均两天喝一次汤改为七天才喝一次汤，把蛋花汤改为酱油葱花做的最简陋的"高汤"。她省下了伙食钱，买了些人参蜂王精送到爷爷屋里，勒我们的裤带向爷爷效忠，令我们敢怒而不敢言。尤其可恶的是，儿子汇报说，做完高汤，她经常自己先盛出一碗葱花最多最鲜最香的来，在大家用饭以前先饮为快。

처음에는 우리 아들이, 그 뒤를 사촌 누이와 매부가, 그리고 다음은 내 아내와 내가 비난의 말을 퍼뜨리기 시작했다. "우리 집 밥은 40년 동안 한결같아서 곧 있으면 문화재가 되겠네!" "낡은 것을 답습하고, 낡은 틀에 매달리고, 사상이 고루하고 경직된 데다 진취적이지도 않으니!" "우리 집 생활 수준은 시대의 본보기에서 낙후되어 있다고!" "쉬 누님의 한계가 클 수밖에 없지. 문화 수준이 워낙 낮으니! 사람은 좋지만, 수준이 너무 낮아! 우리 집이 80년대에도 쉬 누님 수준으로 생활하게 될 줄 어디 생각이나 해봤겠어!"

쉬 누님은 전혀 알아채지 못하고 오히려 혼자 득의양양해했다. 그녀는 자신의 의사대로 모종의 변화를 시도하기 시작했다. 우선 아침밥에 절인 양배추 두 접시를 놓던 것에서 한 접시를 두 접시로 나누어 담아 내고, 짠지에 참기름을 뿌리던 것을 이제는 안 뿌리고, 점심 자장면에 들어갈 잘게 썬 고기를 직접 기름에 튀기던 것을 약간의 물에 넣고 살짝 익히는 것으로 바꾸었다. 또 평균 이틀에 한 번 꼴로 먹던 국을 일주일에 겨우 한 번 먹는 것으로 바꾸었다. 또 종전의 계란국을 간장과 잘게 썬 파만 이용해 만든 가장 볼품없는 '멀건 국'으로 바꾸었다. 그녀는 식비를 남겨서 인삼과 꿀을 혼합한 엑기스를 사다가 할아버님 방에 넣어 드렸다. 우리들의 허리띠를 졸라서 할아버님께 충성을 다 바치니, 우리들은 화가 나도 감히 말할 수 없었다. 특히 얄미운 것은, 아들의 보고에 따르면 맑은 국을 끓이고 나서 그녀는 늘 파가 제일 많이 들어 있는 가장 맛있는 부분을 퍼서, 모두가 식사하기 전에 서둘러 먹어 버린다는 것이다.

散播 sànbō 흩뿌리다, 흩뜨리다 ▪ 因循守旧 yīn xún shǒu jiù 낡은 것을 답습하다 ▪ 墨守成规 mò shǒu chéng guī 낡은 틀에 매달리다 ▪ 僵化 jiānghuà 경직되다, 교착상태에 빠지다 ▪ 浑然 húnrán 온통, 완전히 ▪ 踌躇意满 chóu chú yì mǎn 혼자서 득의양양하다, 으시대며 만족해하다 ▪ 咸菜 xiáncài 짠지, 소금에 절인 야채 ▪ 简陋 jiǎnlòu (가옥, 설비 등이) 초라하다, 누추하다 ▪ 高汤 gāotāng 건더기가 없는 멀건 국물 ▪ 汇报 huìbào 종합 보고하다

还有一次,她一面切菜一面在厨房里磕瓜子吃,儿子说,她一定是贪污了伙食费。"权力就是腐蚀,一分权力就是一分腐蚀,百分之百的权力就是百分之百的腐蚀。"儿子振振有词地宣讲着他的新观念。

父亲以下的人未表示态度。儿子受到这种沉默鼓舞,便在一次徐姐又先喝高汤的时刻向徐姐发起了猛攻:"够了,你这套低水平的饭!自己还先挑葱花儿!从明天起我管,我要让大家过现代化的生活!"

虽然徐姐哭哭闹闹,众人却没说什么。大家觉得让儿子管管也好,他年轻,有冲劲,有想法,又脱颖而出,符合成才规律。当然,包括我在内,还是多方抚慰了徐姐:"你在我们家做饭四十年,成绩是主要的,谁想抹杀也抹杀不了的!"

磕 kè (이빨로) 까다, (쥐가) 쏠다 贪污 tānwū 횡령하다, 독직하다 腐蚀 fǔshí 부식하다, 썩어 문드러지다 振振有词 zhèn zhèn yǒu cí (제 딴에는) 이유가 당당한 듯이 말하다, 자신만만하게 말하다 冲劲 chōngjìn 분발 향상하는 정신 脱颖而出 tuō yǐng ér chū 재능이 나타나다, 두각을 나타내다 成才 chéngcái 쓸모 있는 사람[인물]이 되다 抚慰 fǔwèi 위안하다, 위로하다 抹杀 mǒshā 말살하다, 묵살하다

또 한번은 그녀가 야채를 썰면서 주방에서 해바라기 씨를 까 먹었다는 것이다. 아들은 그녀가 분명히 식비를 횡령하고 있다고 말했다. "권력은 곧 부패예요. 1%의 권력은 1%의 부패이고, 100%의 권력은 100%의 부패와 같죠." 아들은 당당한 어조로 자신의 새로운 관념을 설파했다.

아버지 이하 사람들은 태도를 표명하지 않았다. 아들은 이러한 무언의 고무를 받아서인지, 한번은 쉬 누님이 또 맑은 국을 먼저 먹으려 할 때 그녀에게 맹공을 퍼부었다. "됐어요, 됐어. 이 수준 낮은 밥! 더구나 혼자서 파만 골라 먹다니! 내일부터는 내가 맡겠어요. 내가 모두에게 현대화된 생활을 영위하게 해주죠!"

쉬 누님이 울며불며 하소연했지만 모두 아무 말도 하지 않았다. 모두들 아들이 관리하는 것도 좋을 것이라 생각했다. 아들은 젊고 추진력이 있으며 생각도 있고 재능도 있어서 큰 재목감이라고 생각했다. 물론 나를 포함한 여러 사람들이 여러모로 쉬 누님을 위로했다. "누님은 우리 집에서 40년간 밥을 하셨어요. 그 공은 대단해서 어느 누구도 그것을 무시할 수 없어요!"

儿子非常激昂地讲了一套理论："咱们家吃饭是四十年一贯制，不但毫无新意，而且有一条根本性的缺陷，碳水化合物过多而蛋白质不足。缺少蛋白，就会影响生长发育，而且妨碍白血球抗体的再生与活力。其结果，也就造成国民体质的羸弱与素质的低下。在各发达国家，人均日摄取的蛋白质是我国人均日摄取量的七倍，其中动物蛋白，是我们的十四倍。如此下去，个儿没人家高，体型没人家好，力气没有人家大，精神没有人家足。人家一天睡一次，四、五个小时最多六个小时就够用了，从早到晚，精气神十足。我们呢，加上午觉仍然是无精打彩。或者你们会说，我们不应与发达国家比。那么，我要说的是，我们汉族的食品结构还比不上北方各兄弟民族——总不能说兄弟民族的经济发展水准高于我们啊！我们的蛋白质摄取量，与蒙古、维吾尔、哈萨克、朝鲜以及西南地区的藏族比，也是不能望其项背！这样的食品结构，不变行吗？

以早餐为例，早晨吃馒头片稀粥咸菜……我的天啊！

아들은 매우 격앙된 어조로 자신의 이론을 설명했다. "우리 집 밥은 40년 동안 줄곧 똑같았어요. 전혀 새로운

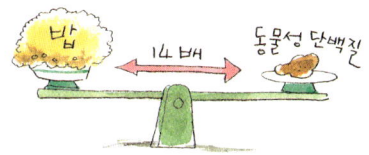

것이 없을 뿐 아니라 더구나 가장 근본적인 결함을 갖고 있어요. 탄수화물은 과다하고 단백질은 부족해요. 단백질이 부족하면 성장발육에 영향을 끼치며, 백혈구 항체의 재생과 활동능력에 지장을 주게 되요. 그 결과 국민의 체력이 떨어지고 자질은 부족하게 되는 거죠. 선진국에서 1인당 하루에 섭취하는 단백질은 우리나라 섭취량의 7배가 넘어요. 그중 동물성 단백질은 우리의 14배가 넘고요. 이런 추세로 나아간다면 남들보다 키도 크지 못하고, 체형도 남만 못하고, 힘도 딸리고, 활력 또한 남보다 모자라게 된다구요. 남들은 하루에 한 번 4~5시간, 많으면 6시간 정도 자면 충분해요. 아침부터 저녁까지 기운이 넘치죠. 그렇지만 우리는 낮잠까지 자는데도 여전히 맥을 못추잖아요. 혹 여러분은 우리들을 선진국과 비교해선 안 된다고 말할지도 몰라요. 그렇다면 제가 말씀드리고 싶은 것은, 우리 한족의 식단구조가 북방의 여러 소수민족보다 못하다는 거예요. 소수민족의 경제 발전수준이 우리보다 높다고는 말 못하겠죠! 그러니 우리들의 단백질 섭취량도 몽고족, 위구르족, 카자흐족, 조선족 및 서남지역의 티베트족과 비교해 뒤떨어져서는 안 되는 거죠! 이러한 식단구조를 개혁하지 않아도 되겠어요? 아침식사만 놓고 봐도, 아침에 우리는 찐빵, 흰죽, 짠지 따위를 먹으니……, 세상에나!

碳水化合物 tànshuǐhuàhéwù 탄수화물 　妨碍 fáng'ài 지장을 주다, 방해를 주다, 저해하다 　羸弱 léiruò 허약하다, 여위고 약하다 　摄取 shèqǔ 섭취하다, 흡수하다 　精气神 jīngqìshén (온몸의) 정신력과 체력, 원기 　无精打采 wú jīng dǎ cǎi 맥이 없다, 의기소침하다 　望其项背 wàng qí xiàng bèi 목덜미와 등을 바라보다, 뒤를 따라가다

这难道是二十世纪八十年代的中华大城市具有中上收入的现代人的早餐?太可怕了!太愚昧了!稀粥咸菜本身就是东亚病夫的象征!就是慢性自戕!就是无知!就是炎黄子孙的耻辱!就是华夏文明衰落的根源!就是黄河文明式微的兆征!如果我们历来早晨不吃稀粥咸菜而吃黄油面包,1840年的鸦片战争,英国能够得胜吗?1900年的八国联军,西太后至于跑到承德吗?1931年的日本关东军敢于发动九·一八事变吗?1937年小鬼子敢发动芦沟桥事变吗?日本军队打过来,一看,中国人人一嘴的白脱——奶油,他们能不吓得整团整师地休克吗?如果1949年以后我们的领导及早下决心消灭稀粥咸菜,全国都吃黄油面包外加火腿腊肠鸡蛋酸奶干酪外加果酱蜂蜜朱古力,我国国力、科技、艺术、体育、住房、教育、小汽车人均拥有量不是早就达到世界前列了吗?

说到底,稀粥咸菜是我们民族不幸的根源,是我们的封建社会超稳定欠发展无进步的根源!彻底消灭稀粥咸菜!稀粥咸菜不消灭中国就没有希望!"

이것이 설마 20세기 80년대 중국 대도시에 사는, 중상층의 수입을 가진 현대인의 아침식사란 말입니까? 너무나 끔찍해요! 너무나 어리석어요! 흰죽과 짠지는 본래 '동아시아 약자'의 상징이란 말입니다! 즉 만성적인 자살행위죠! 무지 그 자체라구요! 염황 자손의 치욕이지요! 화하문명이 쇠하는 근원이에요! 황하문명이 쇠퇴하는 징조예요! 만약 우리가 역대로 아침에 흰죽과 짠지를 먹지 않고 버터에 빵을 먹었더라면, 1840년 아편전쟁에서 영국이 과연 승리할 수 있었을까요? 1900년 8개국 연합군이 공격해 왔을 때 서태후가 승덕으로 도망가는 지경에까지 이르렀을까요? 1931년 일본 관동군이 감히 9.18 사변을 일으켰을까요? 1937년 일본군이 노구교 사건을 감히 일으켰을까요? 일본군이 쳐들어 왔을 때 중국인 입가에 가득한 버터를 봤다면, 그들 군대들이 놀라서 집단으로 쇼크를 일으키진 않았을까요? 만약 1949년 이후 우리의 지도자들이 진작 흰죽과 짠지를 없애기로 결심하고, 전국이 버터 바른 빵에다 햄과 소시지, 계란, 발효유, 치즈를 얹고, 다시 그 위에 과일쨈, 꿀, 초콜릿을 발라 먹었더라면, 우리나라의 국력, 과학기술, 예술, 체육, 주택, 교육, 자가용 보유량은 진작에 세계의 선두대열에 오르지 않았을까요?

결국 말하자면 흰죽과 짠지는 우리 민족의 불행의 근원이자 봉건사회를 강력하게 지탱시키는 요소이며, 이는 결국 우리의 발전을 저해해 진보하지 못하게 하는 근원이에요! 우리는 흰죽과 짠지를 철저히 퇴출시켜야 해요! 흰죽과 짠지를 퇴출시키지 않고서 중국에 희망이란 없어요!"

愚昧 yúmèi 우매하다, 어리석고 사리에 어둡다 病夫 bìngfū 병자, 환자, (풍자하는 뜻으로) 병주머니 自戕 zìqiāng 자살하다 耻辱 chǐrǔ 치욕 华夏 Huáxià 화하, 중국의 옛 명칭 衰落 shuāiluò 쇠락하다, 몰락하다 式微 shìwēi (국가, 명문 호족 따위가) 쇠미하다, 쇠퇴하다 兆征 zhàozhēng 전조 芦沟桥事变 Lúgōuqiáo Shìbiàn 노구교 사건[1937년 베이징 교외에서 일어난 중·일 양국 군대의 충돌 사건으로서 중·일 전쟁의 발단이 되었음] 休克 xiūkè 쇼크(를 일으키다) 及早 jízǎo 빨리, 일찌감치 腊肠 làcháng 소시지 欠 qiàn 부족하다, 불충분하다

言者为之动火,听者为之动容。我一则以惊,一则以喜,一则以惧。惊喜的是不知不觉之中儿子不但不再穿开裆裤不再叫我去给他擦屁股而且积累了这么多学问,更新了这么大的观念,提出了这么犀利的见解,抓住了这么关键的要害,真是天若有情天亦老,人间正道是儿强!真是身在稀粥咸菜,胸怀黄油火腿,吞吐现代化之八方风云,覆盖世界性之四维空间,着实是后生可畏,世界归根结底是他们的。惧的是小子两片嘴皮子一沾就把积弊时弊抨击了个落花流水,赵括谈兵,马谡守亭,言过其实,大而无当,清谈误家,终无实用。

动火 dònghuǒ 성내다, 화를 내다 ┊ 动容 dòngróng (감동된) 표정을 짓다, (얼굴에) 감동의 빛이 어리다 ┊ 一则 yìzé 한쪽으로는, 한편으로는 ┊ 开裆裤 kāidāngkù 개구멍바지[유아들이 대소변 볼 때 편하도록 엉덩이 부분을 오려낸 바지] ┊ 犀利 xīlì (무기, 언어 등이) 날카롭다, 예리하다 ┊ **真是天若情天亦老,人间正道是儿强** 원래는 '真是天若情天亦老,人间正道是沧桑[만약 하늘에 진정으로 정이 있다면 하늘 역시 늙을 것이요, 인간 정도는 변화무쌍하다]'이다 ┊ 四维空间 sìwéi kōngjiān 사차원 공간 ┊ **着实** zhuóshí 확실히, 참으로, 정말로 ┊ **后生可畏** hòu shēng kě wèi 논어에 나오는 글귀로 젊은 후배들은 두려워할 만하다는 뜻, 곧 젊은 후배들은 선인(先人)의 가르침을 배워 어떤 훌륭한 인물이 될지 모르기 때문에 가히 두렵다는 말 ┊ 归根结底 guī gēn jié dǐ 결국, 끝내 ┊ 积弊 jībì 오래된 폐단 ┊ 时弊 shíbì 시대적 병폐

말하는 사람은 열을 올리고 듣는 사람의 얼굴에는 감동의 빛이 어렸다. 나는 한편으로 놀랍기도 하고 한편으로 기쁘기도 했으며 또 한편으로는 두려웠다. 놀랍고 기뻤던 것은 어느새 우리 아들이 성장해 더 이상 개구멍바지도 입지 않고, 더 이상 나보고 엉덩이를 닦아 달라고 하지 않을 뿐 아니라, 학문을 많이 쌓고 심오한 관념들을 새롭게 받아들여서 이렇게 예리하게 자신의 견해를 밝히고, 문제의 핵심부분을 정확히 잡아냈기 때문이었다. 진정 하늘에 정이 있다면 하늘마저 늙을 것이고, 인간세상 이치는 아들 녀석이 강하다! 진정 몸은 흰죽과 짠지에 있으나 마음으로는 버터와 햄을 품고, 현대화된 각 곳의 복잡한 정세들을 섭렵하고 동서남북 전 세계 공간을 두루 뒤덮으니, 참으로 후생가외(後生可畏)이며, 세상은 결국 젊은이들의 것이다. 두려운 것은 아들의 두 입술이 닿자마자 오래된 폐단과 시대적 병폐를 신랄하게 비난하는 것이, '조괄탄병'이자 '마속수정'이며, 말만 앞섰고, 속빈강정이며, 공리공담이라 가정에 득이 안 되고, 그다지 쓸모가 없는 것 같아서였다.

抨击 pēngjī (부정적인 면에 대해 평론의 형식으로) 비난하다, 규탄하다, 논란하다 落花流水 luò huā liú shuǐ 참패하다, 쇠퇴하다, 산산히 부서지다 赵括谈兵 zhào kuò tán bīng 원뜻은 조괄(趙括)이란 사람이 병법을 말한다는 의미로, 자기 생각과 자신의 지식만 믿고 독단적으로 일을 처리하여 그르치는 사람을 빗댈 때 사용한다. 고대 중국 전국시대 조괄은 병법에 관한 자기 지식만 믿고 누구의 이야기도 들으려 하지 않아, 상장군이 된 후 병법서만 따라 전투를 하다가 참패를 당했다 马谡守亭 mǎ sù shǒu tíng 원뜻은 마속(馬謖)이 가정(街亭)이란 지역을 지킨다는 뜻. 마속은 삼국시대 촉한(蜀漢)의 무장(武將)이다. 유비가 임종 때 '마속은 말이 사실보다 지나치니 중용하지 말라'고 제갈량에게 경고했음에도 제갈량은 가정의 싸움에서 마속을 선봉의 총대장으로 임명했는데, 그 결과 패했다 言过其实 yán guò qí shí 말이 과장되어 사실과 맞지 않다 大而无当 dà ér wú dàng 크기만 하고 적당하지 않다

积我近半个世纪之经验，凡把严重的大问题说得小葱拌豆腐一青二白千军万马中取敌将首级如探囊取物易如掌都不用翻者，早晚会在亢奋劲儿过去以后患阳痿症的！只此一大耳儿，为传宗接代计，实痿不得也！

果然，堂妹鼻子眼里哼了一声，嘟囔道："说得倒便利！要是有那么多黄油面包，我看现代化也就完成了！"

"啊?"儿子正在气盛之时，大叫，"好家伙！六十年代尼·谢·赫鲁晓夫提倡土豆烧牛肉的共产主义，八十年代，姑姑搞面包加黄油的现代化！何其相似乃尔！现代化意味着工业的自动化、农业的集约化、科学的超前化、国防的综合化、思维的任意化、名词的难解化、艺术的变态化、争论的无边化、学者的清谈化、观念的莫名化和人的硬气功化即特异功能化。化海无涯，黄油为楫。乐土无路，面包成桥！当然，黄油面包不可能像炸弹一样地由假想敌投掷过来，这我还不知道么？我非弱智，岂无常识？但我们总要提出问题提出目标，国之无目标犹人之无头，未知其可也！"

반세기 동안 쌓은 경험으로 보면, 무릇 중차대한 문제를 분명하게 단언하고, 격전 중에 적장의 수급을 취하는 일을 손바닥 뒤집기처럼 쉽게 말하는 자들은

언젠가 극도의 흥분이 지나간 후에는 양기가 위축될 것이다! 후손을 잇는 목적에 사용해야만이 자신의 양기가 쇠하지 않게 되는 법이다.

과연 사촌 누이는 콧방귀를 뀌면서 투덜댔다. "말 한번 되게 편하게 하네! 그렇게 많은 버터와 빵만 있으면 현대화는 곧 실현된다는 말이네!"

"뭐라고요?" 아들은 화가 치밀자 크게 소리쳤다. "원, 참! 60년대 후루시쵸프가 감자와 구운 소고기의 공산주의를 제창하고, 80년대 고모님이 버터 바른 빵의 현대화를 말씀하시니! 어찌 이처럼 닮았지요! 현대화란 공업의 자동화와 농업의 집약화, 과학의 선진화, 국방의 종합화, 사유의 임의화, 명사의 난해화, 예술의 변태화, 끝없는 논쟁, 학자들의 공리공담, 관념의 무명화와 사람의 뛰어난 기공화 즉 초능력을 의미해요. 모든 것이 끝없는 바다로 변해도 버터는 노가 되어 주고, 낙원에 길이 없으면 빵이 다리가 되어 주지요! 물론 가상의 적이 버터와 빵을 폭탄처럼 던질 수 없다는 것을 내가 모르겠어요? 내가 지능이 모자라는 것도 아닌데 어찌 상식이 없겠어요? 그러나 우리는 항상 문제를 제기할 때 목표를 제시해야 해요. 국가에 목표가 없다면 사람에게 있어 머리가 없는 것과 같지요. 아직도 그것을 모르세요?"

小葱拌豆腐 xiǎocōng bàn dòufu 파란 파와 하얀 두부를 섞다. 명명백백하다, 분명하다[뒤에 '一青二白'가 이어짐] **探囊取物** tàn náng qǔ wù 주머니를 뒤져 물건을 꺼내다, 일이 극히 용이하다 **亢奋** kàngfèn 극도로 흥분하다 **阳痿** yángwěi 성교 불능증, 임포텐츠 **传宗接代** chuán zōng jiē dài 대[가계]를 잇다 **嘟囔** dūnang 중얼거리다, 투덜거리다 **气盛** qìshèng 성미가 팔팔하다, 성급하다 **好家伙** hǎojiāhuo 야, 이거, 아, 참[감탄·놀람·칭찬 등을 나타낼 때 내는 소리] **乃尔** nǎi'ěr 이와 같이, 이처럼 **清谈** qīngtán 공리공담(空理空談)[위진(魏晉) 시대에 선비들이 노장(老莊) 철학을 숭상하여 속세를 떠나 청담(清談)을 일삼은 것에서 나온 말임] **莫名** mòmíng 말로 표현할 수 없다 **特异功能** tèyì gōngnéng 초능력 **槚** jí 노 **投掷** tóuzhì 던지다, 투척하다

"好嘛好嘛,大方向还是一致的嘛,不要吵了。"爷爷说,大家便不再吵。

吾儿励精图治,第二天,果然,黄油面包摊生鸡蛋牛奶咖啡。徐姐与奶奶不吃咖啡牛奶,叔叔给她们出主意用葱花炝锅,加花椒、桂皮、茴香、姜皮、胡椒、紫菜、干辣椒,加热冒烟后放广东老抽——虾子酱油,然后用这些潲子加到牛奶咖啡里,压服牛奶咖啡的洋气腥气。我尝了一口,果然易于承受接受多了。我也想加潲子,看到儿子的杀人犯似的眼神,才为子牺牲口味,硬灌洋腥热饮。唉,"四二一"综合症下的中国小皇帝呀!他们会把我国带到哪里去?

"됐다, 됐어. 큰 방향은 그래도 일치하니 논쟁할 거 없다." 할아버님이 말씀하시자 모두들 다시 논쟁하지 않았다.

아들은 정신을 가다듬고 방법을 강구했다. 그리고 이튿날 과연 버터와 빵, 계란 후라이, 우유, 커피가 나왔다. 쉬 누님과 할머니는 커피와 우유를 드시지 않기 때문에 숙부는 두 분을 생각해 잘게 썬 파를 솥에 넣고 볶다가 다시 산초열매, 계피, 회향풀, 생강껍질, 후추, 김, 마른 고추를 넣어 끓인 후에 광둥간장인 새우간장을 넣고는, 이렇게 조리해 낸 국물을 우유와 커피 속에 넣어 우유와 커피에서 나오는 서양 누린내를 억제하였다. 한 입 맛을 보니 한결 견디기 쉽고 먹기 좋았다. 나도 조리한 국물을 넣고 싶었지만 살인범 같은 아들 녀석의 눈빛을 보자, 아들을 위해 내 입맛을 희생한 채 억지로 누린내 나는 뜨거운 음료를 마셨다. 아, '4-2-1' 증후군 속의 중국 어린 황제들이여! 그들은 우리나라를 어디로 이끌 것인가?

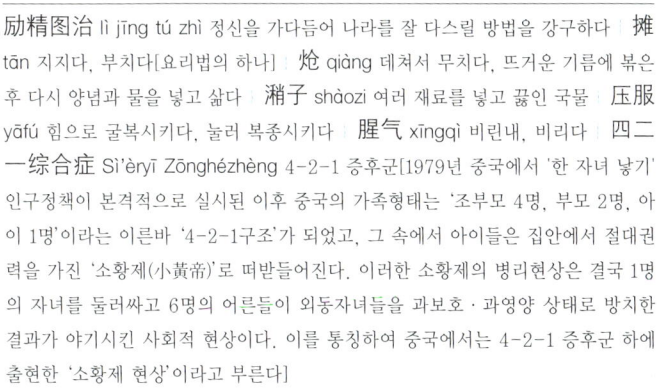

励精图治 lì jīng tú zhì 정신을 가다듬어 나라를 잘 다스릴 방법을 강구하다 ▶ 摊 tān 지지다, 부치다[요리법의 하나] ▶ 炝 qiàng 데쳐서 무치다, 뜨거운 기름에 볶은 후 다시 양념과 물을 넣고 삶다 ▶ 淅子 shàozi 여러 재료를 넣고 끓인 국물 ▶ 压服 yāfú 힘으로 굴복시키다, 눌러 복종시키다 ▶ 腥气 xīngqì 비린내, 비리다 ▶ 四二一综合症 Sì'èryī Zōnghézhèng 4-2-1 증후군[1979년 중국에서 '한 자녀 낳기' 인구정책이 본격적으로 실시된 이후 중국의 가족형태는 '조부모 4명, 부모 2명, 아이 1명'이라는 이른바 '4-2-1구조'가 되었고, 그 속에서 아이들은 집안에서 절대권력을 가진 '소황제(小黃帝)'로 떠받들어진다. 이러한 소황제의 병리현상은 결국 1명의 자녀를 둘러싸고 6명의 어른들이 외동자녀들을 과보호·과영양 상태로 방치한 결과가 야기시킨 사회적 현상이다. 이를 통칭하여 중국에서는 4-2-1 증후군 하에 출현한 '소황제 현상'이라고 부른다]

三天之后,全家震荡。徐姐患急性中毒性肠胃炎,住院并疑有并发肠胃癌症。奶奶患非甲非乙型神经性肝硬化。爷爷自吃西餐后便秘,爸爸与叔叔两位孝子轮流侍候,用竹筷子粉碎捅导,收效甚微。堂妹患肠梗阻,腹痛如绞,紧急外科手术。堂妹夫牙疼烂嘴角。我妻每饭后必呕吐,把西餐吐光后回娘家偷偷补充稀粥咸菜,不敢让儿子知道。尤为可怕的是,三天便花掉了过去一个月的伙食费。儿子声称,不加经费再供应稀粥咸菜亦属不可能矣!事已至此,需要我出面,我找了爸爸叔叔,提出应立即解除儿子的权柄,恢复家庭生活的正常化!

震荡 zhèndàng 뒤흔들다, 진동하다　粉碎 fěnsuì 가루로 만들다, 분쇄하다　捅 tǒng (손이나 막대기 따위의 끝으로) 쿡쿡 찌르다, 찔러 뚫다　梗阻 gěngzǔ 막히다, 가로막다　绞 jiǎo 비틀다, 뒤엉키다, 얽히다　烂 làn 곪다, 썩다　声称 shēngchēng 공언하다, (소리 높여) 주장하다　出面 chūmiàn 얼굴을 내밀다, 나서다, 책임을 지다　权柄 quánbǐng 권력, 권병

3일 후 온 집안이 난리가 났다. 쉰 누님은 급성 위염에 걸려 병원에 입원하게 되었고 게다가 위암까지 의심되었다. 할머님께서는 A형 간염이나 B형 간염이 아닌 신경성 간경화에 걸리셨다. 할아버님께서는 서양식을 드신 후부터 변비가 생기셨고, 아버지와 숙부 두 분 효자들이 교대로 시중을 들면서 대젓가락으로 쑤시면서 뚫어 보려 했지만 효과는 적었다. 사촌 누이는 창자가 막히고 복통이 계속되어 급히 외과 수술을 받았다. 사촌 매부는 치통에다 입 주위가 다 헐었다. 아내는 매 끼마다 음식물을 게워냈고, 서양음식을 다 게워내고는 아들이 알지 못하게 친정으로 몰래 가서 흰죽과 짠지로 허기를 보충했다. 더욱 끔찍한 것은 3일만에 과거 한 달분의 식비를 다 써 버렸다는 것이다. 아들은 경비를 더 늘리지 않고 다시 흰죽과 짠지를 공급하는 것은 절대로 안 된다고 주장했다. 사태가 이 지경에 이르자 내가 나서야만 했다. 나는 아버지와 숙부께 즉시 아들의 권력을 해제해 다시 가정생활의 정상화를 회복해야 한다고 건의했다.

爸爸和叔叔只有去找爷爷，爷爷只有去找徐姐。而徐姐住院，并且声明她出院以后也不再做饭了。如果人们感到她没用，可以赶走她。爷爷只得千声明万表态，绝无此意，而且重申了自己的人生原则。人生在世，情义为重，徐姐在我家，情义俱全，比爷爷的嫡亲还要亲，比爷爷的骨肉还要近。徐姐在我们这里一天，我们就与徐姐同甘共苦一天。哪怕家里只剩了一个馒头，一定有徐姐的一瓣。哪怕家里只剩了一碗凉水，一定有徐姐的三勺。发了财有徐姐的好处。受了穷有徐姐的安置。岂有用完了人家又把人蹬掉之理哉！爷爷说得激动，慷慨陈词，热泪横流。徐姐听得仔细，肝胆俱暖，涕泪交织，最后被医护人员认定他们的接触不利于病人康复，便劝说爷爷含泪退去。

  아버지와 숙부는 할아버님만 찾았고 할아버님은 쉬 누님만을 찾았다. 쉬 누님은 병원에 입원해 있었는데, 퇴원한 후 다시는 밥을 안 짓겠다고 선포하고는, 만약 가족들이 그녀가 더 이상 필요 없다고 느낀다면 자신을 내쫓아도 된다고 말했다. 할아버님은 절대로 그럴 생각이 없다고 강조하며 말씀하셨고, 또한 당신의 인생원칙을 거듭 천명하셨다. 사람이 세상에 태어나서 가장 중요한 것은 인정과 의리이다. 쉬 누님이 우리 집에 있는 것은 인정과 의리 때문으로, 쉬 누님은 할아버님의 친 핏줄보다도 더 돈독한 사이이며, 당신의 골육보다도 더더욱 가깝다. 쉬 누님이 우리 집에 함께 사는 그날까지 우리는 쉬 누님과 동고동락할 것이다. 설령 집에 찐빵 하나밖에 남지 않았다 할지라도 반드시 쉬 누님의 몫으로 한 쪽이 있을 것이다. 설령 집에 냉수 한 그릇밖에 남지 않았더라도 반드시 쉬 누님의 몫으로 세 스푼이 있을 것이다. 집이 횡재해도 거기엔 쉬 누님의 몫이 있고, 집이 빈궁해도 쉬 누님이 머무를 곳이 있을 것이다. 사람을 평생 부려 놓고 사람을 내몰아 버리는 법이 어디 있겠는가! 할아버님은 흥분하며 말씀하셨고 그 어조는 매우 격앙되었으며 뜨거운 눈물이 흘러 넘쳤다. 쉬 누님은 열심히 듣고 있다가 마음이 뭉클해져 눈물과 콧물로 뒤범벅이 됐다. 결국 간호사가 가족의 면회가 쉬 누님의 병세 회복에 좋지 않다며 말려, 할아버님은 눈물을 머금은 채로 나오셨다.

重申 chóngshēn 거듭 천명·표명하다   **嫡亲** díqīn 한 핏줄을 이은 친혈육, 육친
同甘共苦 tóng gān gòng kǔ 동고동락하다   **瓣** bàn 쪽, 조각, 파편   **勺** sháo 국자, 주걱   **蹬** dēng 따돌리다, 제외하다, 짓밟다   **慷慨陈词** kāng kǎi chén cí 격앙된 어조로 자기의 의견을 말하다   **交织** jiāozhī (감정 따위가) 엇갈리다, 교차하다

爷爷回家召集了全体会议，声明自己年迈力衰，对于吃什么怎么吃及其他有关事宜并无成见，更无意独揽大权，但你们一定要找我，我只有去找徐姐。徐姐又因你们的怨言而寒了心，因吃重孙子的西餐而寒了肠胃，我也就无法再管了，谁爱吃什么吃什么吧。"我自己没的吃，饿死也好。"爷爷说。

大家面面相觑，纷纷表态。都说还是爷爷管得好，半个世纪了，老小平安，四代和睦。堂妹妹表示她准备每天给爷爷做饭吃。就是说，她、妹夫、爷爷、奶奶、徐姐是一组，吃他们自身的饭。爸爸声明，他可以与妈妈一组，但不管我和妻。因为我和妻有一个新潮儿子，不可能与他们吃到一块儿。我也声明只和妻一搭。然后叔叔婶婶一搭。然后儿子单奔儿。

年迈力衰 nián mài lì shuāi 연로하여 정력이 쇠퇴하다 ┆ 成见 chéngjiàn 선입관, 선입견 ┆ 独揽 dúlǎn 독점하다, 독차지하다 ┆ 寒心 hánxīn 낙심하다, 실망하다, 상심하다 ┆ 面面相觑 miàn miàn xiāng qù 서로 얼굴만 쳐다볼 뿐 어찌할 바를 모르다 ┆ 搭 dā 동반하다, 조를 짜다, 패[짝, 팀]를 이루다 ┆ 单奔儿 dānbēnr 한 쪽, 한 짝 [= 单崩儿]

할아버님은 집에 돌아오셔서 전체 가족회의를 소집하셨고, "나는 나이가 많고 기력이 쇠하여 무엇을 먹든 어떻게 먹든, 또 그것과 관계된 일 모두에 전혀 선입견이 없다. 더구나 권력을 혼자 다 틀어잡을 생각은 더더욱 없고. 그러나 그래도 너희들이 나를 찾겠다면 나는 쉬 누님을 찾을 수밖에 없구나. 쉬 누님은 또 너희들의 원망 때문에 마음이 상했고, 증손자 녀석의 서양음식 때문에 위장이 상했으니, 나는 더 이상 관여할 방법이 없다. 다들 알아서 먹고 싶은 것을 먹거라"라고 천명하셨다. "난 먹을 것이 없으면 굶어 죽어도 그만이다." 할아버님이 말씀하셨다.

모두들 서로 얼굴을 바라보며 속속 의견을 내기 시작했다. 모두들 계속 할아버님이 관리하는 것이 좋다며 반세기동안 나이 든 세대나 젊은 세대 모두 평안했고, 4대가 다 화목했다고 말했다. 사촌 누이는 그녀가 매일 할아버님께 드릴 식사를 준비하겠다고 말했다. 그리하여 사촌 누이, 사촌 매부, 할아버님, 할머님, 쉬 누님이 한 팀이 되어 자신들의 밥을 해 먹기로 했다. 아버지는 어머니와 한 팀이 되겠다며 나와 아내를 제외시켰다. 왜냐하면 나와 아내에게는 신세대 아들 녀석이 있기 때문에 그들과 밥을 같이 먹을 수 없었다. 나 또한 아내와만 한 팀이 되겠다고 말했다. 그리고 숙부와 숙모가 한 팀이 되었다. 그러자 아들은 혼자가 되었다.

堂妹见状，似乎相当满意，发挥了一句："各吃各的吧，这样才更现代些！四世同堂一起吃饭，太像红楼梦时候的事了。再说，太多的人围着一个饭桌，又挤，又容易传染肝炎哟！"堂妹夫反问："在美国，有这样大的家庭吗？有这么好几代人克服掉'代沟'一起吃饭的吗？"爷爷的表情似乎有些凄然。

分开吃了两天就吃不下去了。十一点多，堂妹这一组占着火做饭，由于挟爷爷之资深威重，别人只能望火兴叹。然后爸爸、然后叔叔。然后我能做饭时已经下午二时，只好不做先去上班，然后晚饭同样是望灶兴叹。然后讨论计议论证各置一灶的问题。煤气罐不可能，上次为解决全家共用的一个煤气罐，跑人情十四人次，请客七次，送画二张，送烟五条，送酒八瓶，历时十三个月零十三天，用尽了吃奶拉屎之力。买蜂窝煤火炉亦须手续，无证买不到煤。有证买到煤了也没有地方搁。

代沟 dàigōu 세대차 ǀ 凄然 qīrán 슬프다, 쓸쓸하다 ǀ 挟 xié (겨드랑이에) 끼다, (세력을 믿고) 남을 으르다, 협박하다 ǀ 资深 zīshēn 경력과 자격이 풍부하다 ǀ 兴叹 xīngtàn 한숨짓다, 탄식하다 ǀ 煤气罐 méiqìguàn 액화 프로판 가스 봄베 ǀ 蜂窝煤 fēngwōméi 구멍탄, 구공탄

　　　　　　　　　　　사촌 누이는 그 상황을 보고 매우 만족
　　　　　　　　　스러워하며 한 마디 말을 했다. "각자가 알
아서 먹어요, 이렇게 하는 것이 더욱 현대적인 것이에요! 4대가 같이 모
여 함께 밥을 먹는 게 어찌 보면 홍루몽 시대 이야기지요. 게다가 많은 사
람이 한 식탁에 둘러앉으면 너무 비좁고, 또 간염에도 쉽게 걸릴 수 있잖
아요!" 사촌 매부는 반문했다. "미국에 어디 이런 대가족이 있어? 이렇게
몇 대가 '세대차이'를 극복하며 같이 밥 먹는 일이 있냔 말이야?" 할아버
님의 표정이 약간 쓸쓸해 보였다.

　각각 팀을 나누어 먹은 지 이틀이 되자 더 이상 먹을 수 없게 되었다.
11시가 좀 넘으면 사촌 누이 팀이 아궁이를 차지하고 밥을 짓는다. 할아
버지의 세력을 끼고 그 위세가 하도 당당하여 다른 사람들은 그저 불만
쳐다보며 한숨 지을 뿐이었다. 그 뒤는 아버지, 그 뒤는 숙부네였다. 그
리고 내가 밥을 지을 차례가 되면 이미 오후 2시경이라서 밥을 짓지 못하
고 우선 출근하는 수밖에 없었다. 그리고 저녁 때도 마찬가지로 그저 아
궁이만 바라보며 한숨지을 따름이었다. 결국 각자 아궁이를 설치하는 문
제로 협의와 토론을 벌였다. 프로판 가스는 불가능했다. 지난번에 전 가
족이 같이 쓰는 프로판 가스 하나를 구하려고 사람에게 부탁한 것이 14번
이요, 접대가 7번, 갖다 바친 그림이 2장, 담배가 5보루, 술이 8병, 이렇
게 13개월 13일의 시간에 그야말로 젖 먹던 힘까지 다 소진했었다. 연탄
곤로를 사는 데도 수속을 해야 하고 증명서가 없으면 연탄을 사지도 못한
다. 증명서가 있어서 혹여 연탄을 산다 할지라도 또한 놓을 곳이 없다.

如果按照现代意识设四个灶,首先要扩张厨房面积30平方米,当然最好是设立四个厨房,比最好更好是再增加五套房子,人的消费要求真如脱缰野马,怪道报报谈消费过热,愈谈愈热。于是恍然不盖房子而谈现代意识观念更新隐私权云云全他妈的是站着说话不腰痛的扯淡!

分灶软科学没有研究出子丑寅卯,一罐子煤气九天用完了。自从今年液化石油气限量供应以来,一年只有十几个票,只有一罐气用25天以上才能保证全家用熟食,饮开水。九天用完,一年的票四个月用完了,另外八个月找谁去?不但破坏了自己的生活秩序,更是破坏了国家的安排!

만약 현대적 사고에 따라 아궁이 4개를 설치하려면 우선 주방면적을 30㎡ 더 확장시켜야 한다. 물론 가장 좋은 것은 4개의 주방을 만드는 것이며, 이보다 더 좋은 것은 아예 집을 다섯 채로 늘리는 것이다. 사람의 소비욕구란 정말로 고삐 풀린 말과 같다. 어쩐지 신문마다 소비 과열을 보도한다 싶더니 말하면 할수록 더욱더 가열된다. 집을 짓지 않고 현대의 식과 관념의 혁신을 논하고, 사적인 권리를 운운한다니 정말로 쓸데없는 잡소리일 뿐이다.

어떠한 연구결과도 얻어 내지 못한 사이, 가스 한 통을 9일만에 다 써 버렸다. 올해 액화 석유가스(LPG)의 공급을 제한한 이래로 1년치로 단지 열몇 장의 표가 있는데, 가스 한 통에 25일 이상을 사용해야만이 전 가족이 음식을 해 먹고 물을 끓여 먹을 수 있다. 가스 한 통을 9일만에 써 버리면 1년치 표는 4개월이면 모두 써 버리게 되는데, 나머지 8개월은 누구를 찾아가야 하나? 이것은 우리들의 생활질서를 망칠 뿐 아니라 더욱이 나라의 가스배분 질서 또한 망치게 되는 것이다!

脱缰野马 tuōjiāng yěmǎ 고삐 풀린 말, 굴레 벗은 말 **怪道** guàidào 과연, 어쩐지 **恍然** huǎngrán 언뜻, 문득, 갑자기 **隐私权** yǐnsīquán 프라이버시의 권리 **子丑寅卯** zǐ chǒu yín mǎo (사물의) 조리 정연한 질서[절차] **扯淡** chědàn 허튼소리를 하다, 되는대로 지껄이다

众人惊惶，唉声叹气，牢骚满腹，闲言四起。有的说煤气用完以后改吃生面糊糊。有的说可以限制每组做饭时间17分钟。有的说现在就分灶吃饭是生产关系超越了生产力的发展水平。有的说越改越糟还不如爷爷掌管徐姐当政。有的抨击美国，说美国人如禽兽，不讲孝悌忠信，当然没有大家庭。我们有优秀的家庭道德传统，为什么要学美国呢？大家不好意思也不忍再去打搅爷爷，便不约而同地去找堂妹夫。

堂妹夫是全家唯一喝过洋水之人，近年来做西服两套，买领带三条，赴美进修六个月，赴日参观十天，赴联邦德国转悠过七个城市。见多识广，雍容有度，会用九种语言道"谢谢"与"请原谅"，是我家有真才实学之人。只因属于外姓，深知自己的身份，一贯不争不论不骄不躁，知白守黑，随遇而安。故而深受敬重。

모두들 놀라 어쩔 줄 몰라하며 탄식을 쏟아 내고 불만에 가득 차 이러쿵저러쿵 말들이 많았다. 누구는 가스를 다 쓴 후엔 생밀가루 반죽을 먹어야 할 거라 했다. 어떤 사람은 각 팀마다 밥 짓는 시간을 17분으로 제한해야 한다고 했다. 또 어떤 사람은 현재 아궁이를 나누어 밥 먹는 것은 생산관계가 생산력의 발전수준을 넘어 선 것이라고 했다. 누구는 바꾸면 바꿀수록 더 나빠지니 아예 할아버지께서 다 주관을 하고, 쉬 누님이 일을 진행하게 하자고 했다. 누구는 미국을 규탄하며 미국인들은 짐승과 같아서 '효제충신(孝悌忠信)'을 따지지 않으니 당연히 대가족이 없는 것이라고 했다. 우리는 훌륭한 가정도덕 전통을 가졌으면서 왜 구태여 미국을 배워야 하는가? 모두들 계면쩍기도 하고 또 차마 할아버님을 귀찮게 할 수 없어서 우리는 마치 약속이나 한 듯이 사촌 매부를 찾아갔다.

사촌 매부는 우리 가족 중 유일하게 서양물을 먹은 사람으로, 요 몇 해 양복을 두 벌 맞추고 넥타이도 3개 사고, 미국에 6개월 연수를 가기도 했으며, 일본을 10일간 참관하기도 했고, 또 연방 독일로 건너가 7개 도시를 탐방하고 오기도 했다. 박학다문하고 온화하며 점잖고, 9개국어로 "감사합니다"와 "미안합니다"를 말할 수 있는, 우리 집에서 진정한 재능과 견실한 학식을 가진 사람이다. 단지 직계가족이 아닌 바깥성이기에, 자신의 분수를 잘 알아 어떠한 논쟁에도 끼지 않고, 자만하거나 조급해하지 않으며, 사리와 시비를 알면서도 침묵하며 나서지 않는, 환경에 잘 적응할 줄 아는 그런 성격의 소유자였다. 그리하여 높이 존경을 받았다.

唉声叹气 āi shēng tàn qì (슬픔·고통·번민 때문에) 탄식하다   牢骚 láosāo 불평, 불만, 푸념   闲言 xiányán 욕, 험담, 불평, 뒷소리   面糊 miànhù 묽은 밀가루로 반죽하여 쑨 풀 같은 음식   掌管 zhǎngguǎn 관리하다, 맡아보다   当政 dāngzhèng 정권을 장악하다   孝悌 xiàotì 부모에게 효도하고 형에게 공손하다   不约而同 bù yuē ér tóng 약속이나 한 듯이 행동이나 의견이 일치하다   赴 fù ~로 가다, 향하다   转悠 zhuànyou 맴돌다, 왔다갔다하다   雍容 yōngróng 온화하고 점잖다, 의젓하다   知白守黑 zhī bái shǒu hēi 사리와 시비를 분명히 알면서도 모르는 척하며 지내다   随遇而安 suí yù ér ān 처한 환경에 적응하고 안주하다, 현실에 만족하다

这次见我们虔诚急切，而且确实一家陷入困难的怪圈，他便掏出心窝子，亮出了真货色，他说：

"依我之见，咱家的根本问题还是体制。吃不吃烤馒头片，其实是小问题。问题是，由谁来决定，以怎样的程序决定吃的内容？封建家长制吗？论资排辈吗？无政府主义吗？随机性即谁想做什么就吃什么吗？按照书本上的食谱吃吗？必然性即先验性吗？要害问题在于民主，缺少了民主吃了好的也不觉得好。缺乏民主吃得一塌糊涂却没有人挺身而出负责任从自身改革起。没有民主就只能稀里糊涂地吃，吃白糖而不知其甜，吃苦瓜而不知其苦，甜与苦都与你自己的选择不相干嘛！没有民主就会忽而麻木不仁，丧失吃饭的主体意识，使吃饭主体异化为造粪机器。忽而一团混乱，各行其是，轻举妄动，急功近利，短期行为，以邻为壑，使吃饭主体膨胀成有胃无头的妖魔！没有民主就没有选择，没有选择就失落了自我！"

이번에 우리가 너무나 절박해하고, 또 우리 가족이 정말 곤란한 지경에 처하자, 그는 마음을 열고 자신의 진가를 드러냈다. 그는 말했다.

"제가 보기에 우리 집의 근본적인 문제는 여전히 체제입니다. 구운 찐빵을 먹느냐 안 먹느냐는 사실 지엽적인 문제입니다. 문제는 누가 어떤 절차로써 음식의 내용을 결정하느냐 하는 것이죠. 봉건적 가부장제입니까? 자격과 서열을 따지는 연공(年功) 서열입니까? 무정부주의입니까? 임의로 그저 누가 해 놓은 대로 먹을 겁니까? 책에 쓰여 있는 식단대로 먹습니까? 필연성, 즉 선험성입니까? 문제의 핵심은 민주적인 것에 있습니다. 민주가 결여되면 아무리 좋은 것을 먹는다 할지라도 좋다고 느낄 수 없습니다. 민주가 결핍되면 먹는 것이 엉망일지라도 어느 누구도 나서서 책임을 맡으려 하지 않습니다. 민주가 이루어지지 않으면 그저 아무렇게나 먹을 수밖에 없으며, 설탕을 먹어도 단지 모르고 쓴 오이를 먹어도 쓴지 모릅니다. 단 것과 쓴 것 모두 자신의 선택과 아무 상관이 없기 때문이죠! 민주가 없으면 돌연 무감각해지며 밥을 먹고자 하는 주체의식이 상실되어 밥을 먹는 주체를 변이나 만들어 내는 기구로 취급하게 만듭니다. 갑자기 혼란해지며, 각자 다 자기 멋대로 하고, 경거망동하고, 눈앞의 이익에만 급급하고, 단기적 행위만 일삼고, 화를 남에게 전가시키니, 밥 먹는 주체를 위만 있고 머리는 없는 요괴로 만들어 버립니다! 민주가 없으면 선택이 없고, 선택이 없으면 자신을 상실해 버리게 됩니다!"

虔诚 qiánchéng 경건하고 정성스럽다 **怪圈** guàiquān 기현상·이상 기류[어떤 상황이 진행되는 동안 사람이 예상했던 것과 상반된 결과나 엉뚱한 상태가 출현하는 것] **掏** tāo 꺼내다, 끌어내다 **心窝子** xīnwōzi 내심, 마음속 **论资排辈** lùn zī pái bèi 연령 서열을 고려하다, 연공 서열에 의하다 **一塌糊涂** yìtāhútú 엉망진창이 되다, 뒤죽박죽이다 **稀里糊涂** xīlihútú 어리둥절하다, 얼떨떨하다 **苦瓜** kǔguā 쓴 오이, 여주 **麻木不仁** má mù bù rén 무관심하다, 경계심이 없다 **各行其是** gè xíng qí shì 각자가 다 자기 주장대로[멋대로] 하다 **急功近利** jí gōng jìn lì 눈앞의 이익에만 급급하다 **短期行为** duǎnqī xíngwéi 단기행위[국가·민족·집체의 사업에 대해 원대한 타산이 없이 눈앞만 보는 행위] **以邻为壑** yǐ lín wéi hè 화를 남에게 전가시키다 **失落** shīluò 잃(어버리)다, 분실하다

大家听了，都觉如醍醐灌顶，点头称是不止。

堂妹夫受到了鼓舞，继续说道："论资排辈，在一个停滞的农业社会里，不失为一种秩序，这种秩序特别适合文盲与白痴。即使先天弱智者也可以理解、可以接受这样一种呆板与平静的，我要说是僵死的秩序。然而，它扼杀了竞争，扼杀了人的主动性创造性变异性，而没有变异就没有人类，没有变异我们就都还是猴子。而且，论资排辈压制了新生力量。一个人精力最旺盛、思想最活跃、追求最热烈的时期，应该是40岁以前。然而，这个时候他们只能被压在最下层……"

我的儿子叹道："太对了！"他激动地流出了眼泪。

我向儿子悄悄摆了摆手。他的西式早餐化纲领失败之后，在家里的形象不佳，多少有点冒险家、清谈家、成事不足败事有余甚至造反派的色彩。包括堂妹与堂妹夫，对吾儿也颇看着不顺眼。他跳高了，只能给堂妹夫帮倒忙。

我问："你说的都对。但我们到底怎么办呢？"

모두들 듣고 지혜와 도리를 터득한 것처럼 느꼈고, 고개들을 연신 끄덕이며 그렇다고 했다.

사촌 매부는 고무되어 계속해서 말을 이어갔다. "연공 서열은 정체된 농업사회에서 일종의 질서로 간주되었는데, 이런 질서는 특히 문맹과 백치들에게 적합합니다. 설사 선천적으로 지능이 모자라는 사람이라도 이해할 수 있고 수용할 수 있는 그런 고지식하고 안정된, 즉 죽어 버린 질서를 말하는 겁니다. 그러나 그것은 경쟁을 없애고 사람의 주동성, 창조성, 변이성을 없앱니다. 변이가 없으면 인류가 없으며, 변이가 없으면 우리들은 모두 아직도 원숭이일 뿐입니다. 게다가 연공 서열은 새로운 역량들을 억압합니다. 사람의 원기가 가장 왕성하고 사고가 가장 활발하며, 추구의식이 가장 강렬한 시기는 40세 이전입니다. 그러나 이 시기에 그들은 밑바닥까지 억눌러져 있을 수밖에 없습니다……."

내 아들 녀석이 감탄하며 말했다. "지당하세요!" 그는 감격해 눈물을 흘렸다.

나는 아들 녀석을 향해 조용히 손을 흔들었다. 아들의 서양식 조찬방침이 실패한 후 집안에서의 그의 이미지는 그리 좋지 못했다. 다소 모험가적이고 공리공담이나 일삼고, 일을 성사시키기보다는 오히려 일을 망쳐놓는, 심지어 반란도당과도 같은 이미지를 갖게 됐다. 사촌 누이와 매부까지도 아들 녀석을 자못 곱지 않게 보았다. 아들은 설쳐대 봤자 사촌 매부에게 오히려 방해만 될 뿐이었다.

나는 물었다. "자네가 말하는 것은 모두 옳아. 하지만 우리가 도대체 어떻게 해야 하는 거지?"

醍醐灌顶 tí hú guàn dǐng 사람에게 지혜를 불어넣어 불도를 깨닫게 하다 | 停滞 tíngzhì 정체하다, 침체하다 | 不失为 bùshīwéi ~로 간주할 수 있다 | 呆板 dāibǎn 고지식하다, 판에 박은 듯하다, 단조롭다 | 僵死 jiāngsǐ 죽어 경직되다 | 扼杀 èshā 목을 눌러 죽이다, 억눌러서 존재하거나 발전하지 못하게 하다 | 成事不足败事有余 chéng shì bù zú bài shì yǒu yú 일을 성공시키지 못하고 오히려 망치다 | 帮倒忙 bāng dàománg 돕는다는 것이 오히려 방해가 되다

堂妹夫说:"发扬民主,选举!民主选举,这就是关键,这就是穴位,这就是牛鼻子,这就是中心一环!大家来竞选嘛!每个人都谈谈,好比都来投标,你收多少钱,需要大家尽多少义务,准备给大家提供什么样的食品,你个人需要什么样的待遇报酬,一律公开化、透明化、规范化、条文化、法律化、程序化、科学化、制度化,最后,一切靠选票,靠选民公决,少数服从多数。少数服从多数,这本身就是新观念新精神新秩序,既抵制僵化,也抵制无政府主义随心所欲……"

爸爸认真思考了一大会,脸上的皱纹因思考而变得更加深刻。最后,他表态说:"行,我赞成。不过这里有两道关口。一个是老爷子是不是赞成,一个是徐姐……"

堂妹说:"爷爷那儿没事。爷爷思想最新了,管伙食,他也早嫌烦了。麻烦的是徐姐……"

我儿子急了,他喊道:"徐姐算是哪一家的人五人六?她根本不是咱们家的成员,她没有选举权与被选举权。"

사촌 매부는 말했다. "자신의 주권을 발휘해야 하지요. 선거! 민주적인 선거, 이것이야말로 관건이요, 혈이요, 문제의 핵심이며, 바로 중심 고리지요! 모두들 경선에 참여하세요! 한 사람씩 다 말해 보세요, 입찰하는 것처럼 말이에요. 자신이 돈을 얼마나 걷을 것인지, 사람들이 얼마만큼의 의무를 해야 하는지, 사람들에게 어떤 음식을 제공할 것인지, 자신 개인은 어떤 대우와 보수를 원하는지 어디 말해 보세요. 모든 것을 일률적으로 공개화하고, 투명화하고, 규범화하며, 문서화하고, 법률화하고, 절차화하고, 과학화하며, 제도화해야 합니다. 마지막으로 모든 것은 투표에 의해서, 유권자에 의해서 공동 결정되어야 하고, 소수는 다수에 복종해야 합니다. 소수가 다수에 복종하는 것, 이 자체가 바로 새로운 관념, 새로운 정신, 새로운 질서로, 정체되는 것을 막아 내고 무정부주의의 막무가내식 사상을 제압할 수 있습니다……."

아버지는 골똘히 사색에 잠기셨다. 얼굴의 주름살은 사색으로 더욱 깊게 패어 보였다. 끝으로 아버지는 말씀하셨다. "그래, 난 찬성이다. 그러나 이를 위해선 두 개의 관문을 통과해야만 한다. 하나는 할아버님이 찬성하실지이고, 하나는 쉬 누님인데……."

사촌 누이가 말했다. "할아버지는 괜찮으실 거예요. 할아버지의 사상이 제일 신식이신 데다가 식사 관리하는 일을 진작부터 귀찮아 하셨잖아요. 문제는 쉬 누님인데……."

아들 녀석은 조바심이 나는지 크게 소리치며 말했다. "쉬 누님이 뭔데요? 그녀는 원래부터 우리 집 구성원도 아닌데. 그녀에게는 선거권과 피선거권이 없어요."

穴位 xuéwèi 혈, 경혈 牛鼻子 niúbízi 중요한 부분, 관건 中心一环 zhōngxīn yìhuán 관건, 핵심적 고리 好比 hǎobǐ 흡사 ~와 같다 投标 tóubiāo (경쟁) 입찰하다, 도급으로 맡다 选票 xuǎnpiào 투표용지 选民 xuǎnmín 선거유권자, 선거인 公决 gōngjué 공동 결정하다 抵制 dǐzhì 제압하다, 배척하다, 막아 내다 随心所欲 suí xīn suǒ yù 자기의 뜻대로 하다, 하고 싶은 대로 하다 皱纹 zhòuwén 주름, 주름살 关口 guānkǒu 왕래할 때 반드시 거쳐야 하는 요로, 입구 人五人六 rén wǔ rén liù 사람을 폄하하는 말

妈妈不高兴地说:"奶奶的孙儿呀,你少插话好不好!别看徐姐不姓咱们的姓,别看徐姐不算咱们族人,你说什么来着?说她没有选举和被选举权是不!可咱们做什么事情不跟她说通了你就甭想办去!我来这个家一辈子了,我不知道吗?你们知道个啥?"

堂妹和妹夫也分化了,争论开了。妹夫认为,承认徐姐的特殊地位就是不承认民主,承认民主就不能承认徐姐的特殊地位,这是一个根本性的原则问题,没有调和余地。堂妹认为,敢情站着说话不腰疼,脱离了实际的空话高调有什么用?轻视徐姐就是不尊重传统,不尊重传统也就站不住脚,站不住脚一切变革的方案便都成了云端的幻想。而云端的改革也就是拒不改革。堂妹对自己的丈夫说话不客气,她干脆指出:"别以为你出过几趟国会说几句外国话就有什么了不起,其实你在我们家,还没有徐姐要紧呢!"

堂妹夫听罢变色,冷笑一分半钟,拂袖而去。

어머니는 언짢아하시며 말씀하셨다. "손자야, 참견하지 말고 가만히 좀 있어라! 쉬 누님의 성씨가 우리 성이 아니라고 쉬 누님을 우리 가족이 아니라고 보다니, 너 지금 무슨 말을 하고 있는 게냐? 쉬 누님에게 선거권이나 피선거권이 없다고 하는 것은 옳지 않다! 우리들이 무슨 일을 하든 간에 쉬 누님을 설득시키지 않고서는 어떤 것도 할 생각을 말아라! 내가 이 집에 온 지 한평생인데 내가 모르겠냐? 너희들이 무엇을 안다고 그래?"

사촌 누이와 매부 역시 의견이 갈라져 논쟁하기 시작했다. 매부 생각에는 쉬 누님의 특수한 지위를 인정하는 것은 민주를 인정하지 않는 것으로, 민주를 인정한다면 쉬 누님의 특수한 지위를 인정하면 안 된다는 것이다. 이것은 하나의 근본적인 원칙 문제로서 조정의 여지가 없다고 했다. 그러나 사촌 누이는 원래 잘 알지도 못하면서 무슨 말이냐며, 실생활에서 벗어난 탁상공론들이 무슨 소용이 있냐고 말했다. 쉬 누님을 얕보는 것은 전통을 존중하지 않는 것이요, 전통이 존중되지 않으면 체제가 유지될 수 없고, 체제가 유지되지 않으면 모든 변혁의 방안 또한 구름 속 환상이 되어 버린다. 그러나 구름 속 개혁도 개혁을 거부할 순 없다. 사촌 누이는 자신의 남편을 향해 인정사정 없이 퍼부었고, 아예 "외국물 좀 먹었다고, 외국어 좀 할 줄 안다고 잘난 줄 아나 본데, 사실 당신은 우리 집에서 쉬 누님만큼도 중요하지 않아요" 하며 꼬집어 말했다.

이 말에 사촌 매부의 안색이 변하더니 1분여 동안 쓴웃음을 짓다가 화가 나서 가 버렸다.

插话 chā huà 말참견하다　**说通** shuōtōng 설득시키다　**甭** béng ~할 필요가 없다, ~하지 마라[不用의 합음]　**敢情** gǎnqing 알고 보니, 원래, 뜻밖에도, 물론　**空话高调** kōng huà gāo diào 공염불, 탁상공론　**站不住脚** zhàn bu zhù jiǎo 발을 붙여 설 수 없다, 성립될 수 없다　**云端** yúnduān 구름 속[끝]　**拂袖** fúxiù (불쾌하거나 화가 나서) 옷소매를 뿌리치다

过了些日子，是叔叔出来说话，指出两个关口其实是一个关口。徐姐虽然顽固，但她事事都听爷爷的，爷爷通了她也就通了，根本不需要人为地制造民主进程与徐姐之间的激烈斗争，更不要激化这种人为制造出来的斗争。

大家一听，言之有理，恍然大悟。种种烦恼，原是庸人自扰，矛盾云云，你说它大就大，说它小就小，说它有就有，说它无就无。寻找各种不同意见的契合点，形成宽松融洽亲密无间，这才是真功夫！一时充满信心，连堂妹夫与我儿子也都乐得合不拢嘴。

公推爸爸叔叔二人去谈，果然一谈便通。徐姐对选举十分反感，说："做这些花式子干啥嘛，"但她又表示，她此次生病住院出院后，对一切事概不介入，概不反对。"你们大家吃苍蝇我也跟着吃苍蝇，你们愿意吃蚊子我就跟着吃蚊子，什么事不用问我。"她对自己有无选举权也既不关心，又无意见，她明确表示，不参加我们的任何家事讨论。

庸人自扰 yōng rén zì rǎo 긁어 부스럼을 만들다 | **契合** qìhé 부합하다, 일치하다 | **融洽** róngqià 사이가 좋다, 조화롭다, 융화하다 | **真工夫** zhēngōngfu 진짜 실력, 솜씨, 기술 | **合拢** hélǒng 한데 합치다, 닫다 | **公推** gōngtuī 공동으로 추대하다 | **花式子** huāshìzi 근사한[멋 부리는] 틀, 형식

며칠이 지나 다시 숙부가 나서서 두 개의 관문이 사실은 하나의 관문이라고 꼬집어 말했다. 쉬 누님이 비록 완고하다고는 하나 그녀는 사사건건 모두 할아버지의 말씀에 따르며, 할아버지께서 좋다고 하면 그녀 또한 좋다고 할 것이다. 따라서 민주 절차와 쉬 누님 사이의 치열한 논쟁을 인위적으로 조장할 필요가 전혀 없으며, 더구나 이렇게 인위적으로 조장해 낸 논쟁을 격화시킬 필요가 없다는 것이다.

모두들 듣고서 그 말에 일리가 있다고 느꼈다. 모든 번뇌와 고민은 원래 평범한 사람들이 스스로 자초한 것들이고, 이런저런 모순을 담고 있다. 예컨대 남이 크다고 말하면 큰 것이요, 작다고 말하면 작은 것이요, 있다고 말하면 있고, 없다고 말하면 없는 것이다. 서로 다른 여러 의견 사이에서 합일점을 찾아 조화와 융화의 친밀한 사이를 형성하는 것, 이것이야말로 진짜 실력이다! 한동안 자신감에 충만해 있던 사촌 매부와 내 아들 녀석 또한 즐거워하며 입을 다물지 못했다.

우리는 아버지와 숙부 두 사람을 공동으로 추대하여 할아버지께 가서 여쭙게 하였다. 말하자마자 과연 할아버지께서 즉시 좋다고 하셨다. 쉬 누님은 선거에 대해 매우 반감을 갖고 있었다. "이런 겉만 번지르르한 일을 해서 뭐해!" 그러나 그녀는 병원에서 퇴원을 한 후 모든 일에 대해서 일체 개입도, 일체 반대도 않을 거라 천명했다. "모두가 파리를 먹겠다면 나도 쫓아서 파리를 먹을 것이고, 모두가 모기를 먹겠다면 나도 따라서 모기를 먹을테니, 아무 것도 내게 묻지 말아요." 그녀는 자신에게 선거권이 있는지 없는지는 관심도 없었고 또 불만도 없었다. 그녀는 우리 집안일과 관계된 어떠한 토론에도 참여하지 않겠다고 입장을 분명히 밝혔다.

看来，徐姐已经自动退出了历史舞台，大家公推由堂妹夫主持选举。选举日的临近给全家带来了节日气氛。又是扫除，又是擦玻璃，又挂字画，又摆花瓶和插入新产品塑料绢花。民主带来新气象，信然。终于到了这一天，堂妹夫穿上访问欧美时穿过的瓦灰色西服，戴上黑领结，像个交响乐队的指挥，主持这一盛事。他首先要求参加竞选的人以"我怎样主持家政"为题做一演说。

无人响应。一派沉寂。听得见厨房里的苍蝇声。

堂妹夫惊奇道："怎么？没有人愿意竞选吗？不是都有见解有意见有看法吗？"

我说："妹夫，你先演说好不好，你做个样子嘛！现在大家还没有民主习惯，怪不好意思的。"

堂妹马上打断了我的话："别让他说话，又不是他的事！"

气象 qìxiàng 분위기, 기색, 양상 信然 xìnrán 사실이다, 그렇다 领结 lǐngjié 나비넥타이 响应 xiǎngyìng 호응(하다), 응답(하다) 一派 yípài 기분·분위기·경치 따위에 써서 가득 차거나 넘쳐남을 나타내는 수량사

 보건대 쉬 누님은 이제 스스로 역사의 무대에서 물러났다. 모두들 사촌 매부가 선거를 주관하도록 추대했다. 선거일이 다가오자 온 가족이 명절과 같은 분위기였다. 청소를 하고 유리창을 닦고 서화를 달고, 꽃병을 가져다가 새로 나온 조화를 꽂았다. 민주는 집에 새로운 분위기를 가져다 주었다. 사실이 그랬다. 마침내 그날이 되었다. 사촌 매부는 유럽과 미국을 방문할 때 입었던 짙은 회색의 양복을 입고 검은색 넥타이를 맸으며, 마치 교향악단의 지휘자처럼 이 성대한 일을 주재하였다. 그는 우선 경선에 참가할 사람들에게 '내가 과연 어떻게 집안일을 관리할 것인가' 하는 제목으로 일장 연설을 하도록 요구했다.

 아무도 호응하지 않았다. 침묵이 가득 찼다. 부엌 안에 있는 파리소리만 들렸다.

 사촌 매부는 의아해하며 말했다. "어떻게 된 일이죠? 경선을 원하는 사람이 없나요? 모두들 각자 견해며 의견이며 나름대로 생각이 있지 않았나요?"

 내가 말했다. "매부, 매부가 우선 먼저 연설하는 것이 나을 듯 싶네. 매부가 시범을 한 번 보여 주구려! 지금 모두들 아직 민주적인 습관을 갖지 못해서 되게 쑥스러운가 보네."

 누이는 즉각 내 말을 자르며 "그이한테 말하게 하지 말아요. 그 사람 일도 아닌데!"

　　堂妹夫态度平和，富有绅士派头地解释说："我不参加竞选。我提出来搞民主的意思可不是为个人争权。如果你们选了我，就只能是为民主抹黑了！再说，我现在正办自费留学，已经与北美洲大洋洲几个大学联系好了，只等在黑市上换够了美元，我就与各位告辞了。各位如果有愿意帮我垫借一些钱的，我十分欢迎，现在借的时候是人民币，将来保证还外币！这个……"

　　面面相觑，全都泄了气。而且不约而同地心中暗想：竞选主持家政，不是吃饱了撑的吗？自己吹一通，卖狗皮膏药，目无长上而又伤害左邻右舍，这样的圈套，我们才不钻呢？真让你主持？你能让人人满意吗？有现成饭不吃去竞选，不是吃错了药又是什么？便又想，搞啥子民主选举哟：几十年没有民主选举我们也照旧吃稀饭、咸菜、炸酱面！几十年没有民主选举我们也没有饿死，没有撑死，没有吃砖头喝狗屎，也没有把面条吃到鼻子眼屁股眼里！吃饱了撑的闹他爷爷的民主，最后闹他个拉稀的拉稀，饿肚的饿肚完事！中国人就是这样，不折腾浮肿了决不踏实。

사촌 매부는 평화로운 태도로 짐짓 신사다운 위엄을 띠고 변명하며 말했다. "저는 경선에 참가 안 합니다. 내가 민주적으로 하자고 제안한 의도는 제 개인의 권력쟁취를 위해서가 결코 아닙니다. 만약 여러분이 저를 뽑는다면 이것은 바로 민주를 손상시키는 것입니다! 게다가 저는 지금 자비유학을 준비하고 있습니다. 이미 북미와 오세아니아 주에 있는 몇 개 대학과 연락이 되었어요. 지금 암시장에서 달러를 충분히 환전할 수 있기를 기다리고 있습니다. 나는 곧 여러분과 작별인사를 나누려고 합니다. 여러분 중 저를 도와 제게 약간의 돈을 보충해 주실 의향이 있으신 분은 매우 환영합니다. 지금 제가 빌리는 것은 인민폐지만 나중에는 외화로 돌려드릴 것을 확신합니다! 저······."

서로 얼굴만 쳐다보았고 모두들 맥이 빠졌다. 게다가 약속이나 한 듯 모두 속으로 생각했다. '경선으로 집안일을 맡긴다니, 배가 불러 터질 소리 아냐? 말만 번지르르하게 해서 사람을 속이고, 윗어른도 몰라보고 이웃에게 해를 끼치는 이런 술수에 우리가 걸려들 것 같아? 정말로 너한테 이 일을 맡길까봐? 네가 정말 사람들을 만족시키겠어? 지어 놓은 밥도 먹지 않고 경선이라니, 약을 잘못 먹은 거 아냐?' 또 생각했다. '웬 놈의 민주선거야. 몇십 년 간 민주선거 없이도 우리는 흰죽과 짠지, 자장면을 잘만 먹었어! 몇십 년 간 민주선거 없이도 우리는 굶어 죽지도, 배 터져 죽지도 않았고, 벽돌을 먹지도, 개의 소변을 마시지도, 또 국수를 콧구멍이나 똥구멍으로 먹지도 않았다구! 무슨 놈의 배불리 먹다 배 터져 죽을 민주야? 결국에는 계속되는 설사에다 배만 곯다가 끝나 버렸는걸! 중국인은 늘 이렇다니까! 고생해서 몸이 붓지 않으면 편할 수가 없다고.'

派头 pàitóu 위엄, 위신 黑市 hēishì 암시장 告辞 gào cí 작별을 고하다, 헤어지다 垫 diàn 우선 돈을 대신 내다[치루다] 泄气 xiè qì 맥이 빠지다[풀리다] 撑 chēng 꽉 채우다, 팽팽해지다 吹 chuī 허풍 떨다, 선전하다 卖狗皮膏药 mài gǒupí gāoyào 엉터리 약을 팔다, 듣기 좋은 말로 사람들을 속이다 圈套 quāntào 책략, 음모, 술수, 피 折腾 zhēteng 고생하다, 괴로워하다 浮肿 fúzhǒng 부종, (몸이) 붓다 踏实 tāshi (마음이) 놓이다, 편안하다

但既然说了民主就总要民主一下。既然说了选举就总要选举一下。既然凑齐了而且爷爷也来了就总要行礼如仪。而且，谁又能说民主选举一定不好呢？万一选好了，从此吃得又有营养又合口味，又滋阴又壮阳，又益血又补气，既增强体质又无损线条与潇洒，既有色又有香又有味，既省菜钱又节约能源，既合乎卫生标准又不多费手续，既无油烟又无噪音，既人人有权过问又个个不伤脑筋，既有专人负责又不独断专行，既不吃剩菜剩饭又绝不浪费粮食，既吃蚶子又不得肝炎，既吃鱼虾又不腥气……如此等等，民主选举的结果如果能这等好，看哪个天杀的不赞成民主选举。

于是开始选举。填写选票，投票，监票计票。发出票十一张，收回票十一张，本次投票有效。白票四张，即未写任何候选人。一张票上写着：谁都行，相当于白票，计白票五张。选徐姐的，两票。爷爷三票。我儿子，一票。

凑齐 còuqí 모아서 갖추다, 빠짐없이 모으다　行礼如仪 xíng lǐ rú yí 형식대로 예식을 거행하다　滋阴壮阳 zī yīn zhuàng yáng 정력을 왕성케하고 양기를 북돋우다　线条 xiàntiáo (인체·공예품의) 윤곽의 선　潇洒 xiāosǎ (모습·행동 따위가) 소탈하다, 대범하다　伤脑筋 shāng nǎojīn 골머리를 앓다, 애를 먹다　蚶子 hānzi 조개　天杀的 tiānshāde 천벌 받을 놈, 뒈질 놈

그러나 기왕에 민주를 논했으니 결국은 민주를 해야 한다. 또 기왕 선거를 하기로 했으니 결국은 선거를 해야 한다. 기왕 한데 모였으니 할아버님도 오셔서 형식대로 예식을 거행해야 한다. 게다가 누가 민주선거가 반드시 좋지 않다고 말할 수 있겠는가! 만약 잘만 뽑으면 그때부터 음식은 영양도 있고 입맛에도 맞으며, 정력을 왕성하게 하고 양기도 북돋으며, 또 피를 좋게 하고 기운을 보충할 수 있다. 체질을 강건케하면서 체형도 좋게 하고 인상도 좋게 하고, 또 색과 향과 맛이 있고, 식비를 절약하면서 에너지도 절약할 수 있고, 위생기준에 부합되고 또 수속이 번거롭지 않으며, 기름 냄새와 연기가 없고 소음이 없으며, 사람마다 물을 권리가 있지만 골머리 썩이지 않아도 되며, 전담해서 맡는 사람은 있으나 독단으로 행동하지 않고, 남은 반찬과 남은 밥을 먹지 않으면서도 음식을 절대로 낭비하지 않고, 또 조개를 먹어도 간염에 걸리지 않고, 생선과 새우를 먹어도 비리지 않는 등등. 민주선거의 결과가 만약 이처럼 좋다면, 어떤 천벌 받을 놈이 민주선거를 찬성하지 않을 수 있겠는가!

그리하여 선거가 시작되었다. 투표용지에 기입해서 투표를 하고 표를 감독하고 기표했다. 제출한 표가 11장, 회수한 표가 11장으로 본 투표는 유효했다. 기권표는 4장으로 어떠한 후보자도 쓰여 있지 않았다. 표 한 장에는 '어느 누구도 괜찮다'라고 쓰여 있어 기권표에 해당했다. 그리하여 기권표가 5장이 되었다. 쉬 누님을 찍은 표가 2표, 할아버지 3표, 그리고 아들 녀석이 1표였다.

怎么办？爷爷得票最多，但不是半数，也不足三分之一。算不算当选？事先没说，便请教堂妹夫。堂妹夫说世上有两种"法"，一种是成文法一种是不成文法。不成文法从法学的意义上严格说来，不是法。例如美国总统的连任期，宪法并无明确规定。实际上又是法，因为大家如此做。民主的基本概念是少数服从多数。何谓多数？相对多数？简单多数(即二分之一以上)？绝对多数(即三分之二以上)？这要看传统，也要看观念。至于我们这次的选举，由于是初次试行，又都是至亲骨肉父子兄弟自己人，那就大家怎么说怎么好。

堂妹说既然爷爷得票最多自然是爷爷当选，这已经不是也绝对不可能是封建家长意识而是现代民主意识。堂妹进一步发挥说，在我们家，封建家长意识的问题其实并不存在，更不是主要危险，主要矛盾。需要警惕的倒是在反封建的幌子下的无政府主义、自由主义、自我中心、唯我主义、超前消费主义、享乐主义、美国的月亮比中国的圆主义、洋教条主义。

어찌해야 하나? 할아버님께서 얻은 표가 가장 많았지만, 과반수가 아니었고 또 3분의 1도 안 되었다. 당선으로 간주해야 하나 마나? 아무도 먼저 입을 열지 않았다. 사촌 매부에게 가르침을 청했다. 사촌 매부는 세상에는 두 종류의 '법'이 있다고 말했다. 하나는 성문법이고, 하나는 불문법이다. 불문법은 법률학적으로 볼 때 엄격히 말해 법이 아니다. 예컨대 미국 대통령의 연임에 대해서 헌법에는 명확한 규정이 없다. 그러나 이 또한 사실 법이다. 그것은 모든 사람들이 그렇게 하고 있기 때문이다. 민주주의의 기본개념은 소수가 다수에게 복종하는 것이다. 그런데 무엇을 다수라 하는가? 상대적 다수? 단순 다수(즉 2분의 1 이상)? 절대 다수(즉 3분의 2 이상)? 이것은 바로 전통이나 관념에 의거해야 한다. 우리의 이번 선거는 처음 시행되는 것이고 또 모두 친혈육인 부자, 형제지간인 한 집안사람이기 때문에, 모두들 어떻게 말하느냐에 따라 그대로 시행하는 것이 좋을 거라고 했다.

사촌 누이는 기왕 할아버님의 득표가 가장 많으니 자연히 할아버님이 당선된 것이며, 이것은 이미 절대 불가의 봉건적 가부장제 의식이 아니라 현대적인 민주의식이라고 말했다. 사촌 누이는 또 한 걸음 더 나아가 우리 집에서 봉건적 가부장주의 사고방식은 사실 결코 존재하지 않았으며 주된 위험도, 모순도 아니라고 말했다. 경계해야 할 것은 도리어 반봉건주의 사상의 휘하에 있는 무정부주의, 자유주의, 자기중심, 독재주의, 지나친 소비주의, 향락주의, 미국의 달이 중국보다 더 둥글다는 주의, 서양 교조주의라고 했다.

当选 dāngxuǎn 당선하다 ｜ 警惕 jǐngtì 경계하다, 경계심을 가지다 ｜ 幌子 huǎngzi 미명, 허울 ｜ 超前 chāoqián (현재 수준을) 앞서다, (시대를) 앞서가다

我的儿子突然激动起来,他严正地宣布,他所获得的一票,并非自己投了自己的。他说到这里,我只觉得四周目光向我集中,似乎是我选了儿子,我搞了选人唯亲的不正之风。我的脸刷地红起来,并想谁会这样想?他为什么这样想?他知不知道我并没有选儿子,而且即使选了儿子也不是什么不正之风,因为不选儿子我也只能选父亲、选叔叔、选母亲、选妻子、选堂妹,而按照时髦的弗洛伊德学说堂妹又何尝会比儿子生分,儿子说不定还有杀父娶母的俄狄浦斯情结呢,他们知道吗?为什么儿子一说话他们都琢磨我呢?

我的儿子喊起来了。他说他得了一票说明人心未死火种未绝烈火终将熊熊燃烧。他说他之所以要关心我家的膳食改革完全出自一种无私的奉献精神,出自对传统的人文主义的珍视和对每一个人的泛爱。说到爱他眼角里沁出了黄豆大的泪珠。

아들 녀석이 갑자기 흥분하며 자신이 얻은 한 표는 절대 자신이 자신에게 던진 표가 아니라고 확고하게 말했다. 그러자 나는 사방의 시선이 나에게 집중되는 것을 느꼈다. 마치 내가 아들을 뽑은, 혈육이나 뽑는 부당한 일을 행한 것처럼. 내 얼굴은 별안간 확 달아오르기 시작했고, 나는 대체 누가 그렇게 생각할까 하고 생각했다. 그 사람은 왜 그렇게 생각할까? 그 사람은 내가 결코 아들을 뽑지 않았다는 사실을 알까 모를까? 게다가 설사 아들을 뽑았다 할지라도 이 또한 무슨 부정한 일을 저지른 것도 아닌데. 아들을 뽑지 않더라도 나는 아버지나 숙부나 어머님이나 아내나 사촌 누이를 뽑을 수밖에 없는데 말이다. 그리고 유행하는 프로이트의 학설에 근거해 보더라도 사촌 누이가 어디 아들 녀석보다도 멀게 느껴질리 있겠는가! 아들 녀석이라면 어쩌면 아버지를 죽이고 어머니를 취하고자 하는 오이디푸스 콤플렉스가 있겠지. 이런 것을 그들이 알까? 왜 아들이 한 마디 하면 그들은 모두 나를 괴롭히는 것일까?

아들은 소리치기 시작했다. 아들은 자신이 얻은 한 표는 사람들의 인심이 아직 다하지 않은 것으로, 불씨가 소멸하지 않았으니 사나운 불길이 언젠가는 활활 타 오를 것이라고 말했다. 그는 자신이 우리 집의 식단 개혁에 관심을 가진 것은 완전히 사심 없는 봉사와 희생정신에서 나온 것이며, 아울러 전통적 인문주의를 소중히 여기는 마음과 모든 사람에 대한 박애정신에서 나온 것이라고 말했다. 박애에 대해 말할 때 아들의 눈가에서 콩알만한 눈물이 떨어졌다.

刷 shuā 솨[빠르게 스치는 소리], 확, 단번에　时髦 shímáo 유행(이다), 현대적(이다)　弗洛伊德 Fúluòyīdé S.프로이트[1856~1939, 정신 분석학을 수립한 오스트리아의 의학자]　生分 shēngfen 서먹서먹하다, 익숙지 못하다　俄狄浦斯情结 Édípǔsī Qíngjié 오이디푸스 콤플렉스[S.프로이트의 정신 분석 용어]　情结 qíngjié 콤플렉스, 잠재의식　琢磨 zuómo 약점을 찾다, 흠을 들추어내다　熊熊 xióngxióng 불이 세차게[활활] 타오르는 모양　奉献 fèngxiàn 삼가 바치다　沁 qìn (향기·액체 따위가) 돋다, 스며 나오다

他说我们家虽然有秩序但是缺乏爱，而无爱的秩序正如无爱的婚姻，其实是不道德的。他说其实他早就可以脱离摆脱我家膳食系统的羁绊，他可以走自己的路改吃蜗牛吃干酪吃芦笋金枪鱼吃龙虾吃小牛肉吃肯德基烤鸡三明治麦当劳与苹果排桂皮冰淇淋布丁。他说他非常爱自己的姑姑但是他不能接受姑姑的观点虽然姑姑的观点听起来很让人舒服顺耳。

这时叔叔插话说(注意，是插话而不是插嘴，插嘴是不礼貌的，插话却是一种亲切、智慧、民主，干脆说是一种抬举)，堂妹关于当前应警惕的主要矛盾与主要危险的提法，与正式的提法不符。恐怕最好不要过分强调某一面的问题是主要危险。因为半个世纪行医的经验已经证明，如果你指出便秘是主要危险，就会引起普遍拉稀，并导致止泻药的脱销与对医生的逆反心理。

 아들은 우리 집은 비록 위계질서는 있지만 사랑이 결핍됐으며, 사랑이 없는 위계질서는 마치 사랑 없는 혼인과 같은 것으로, 이는 부도덕한 것이라고 말했다. 아들은 사실 자신은 일찍부터 우리 집의 식사체계의 굴레에서 벗어나, 자신만의 길을 가기 위해 달팽이와 버터, 아스파라거스, 참치, 바닷가재, 송아지고기, 켄터키 프라이드 치킨, 햄버거, 맥도날드와 사과파이, 계피 아이스크림, 푸딩으로 바꿔 먹으려고 했다고 말했다. 아들은 또 자신은 고모를 매우 사랑하고, 또 고모의 관점이 듣기에 매우 편리하고 좋지만, 고모의 관점을 받아들일 수 없다고 말했다.

 이때 숙부가 끼어들어 말씀하시길(주의, 끼어들어 말하는 것은 말참견이 아니다. 말참견은 무례한 행동이지만, 끼어들어 말하는 것은 일종의 친절하고 지혜롭고 민주적인 것으로, 한 마디로 일종의 누군가를 밀어 주는 행동이다), 눈앞에 경계해야 하는 주된 모순과 위험에 관한 사촌 누이의 설명은 이치에 부합되지 않는 제기방식이라고 하셨다. 문제의 한 면만을 위험사항으로 지나치게 강조하는 것은 안 된다는 것이다. 반세기 동안의 자신의 진료 경험이 이를 증명하고 있다고 했다. 만약 변비가 주된 위험사항이라고 지적한다면, 즉시 사람들에겐 설사가 보편화될 것이고, 이것은 지사제의 품귀현상과 의사에 대한 거부감을 가져올 것이다.

羁绊 jībàn 굴레, 구속 蜗牛 wōniú 달팽이 芦笋 lúsǔn 아스파라거스 金枪鱼 jīnqiāngyú 참치 肯德鸡 Kěndéjī 켄터키 프라이드 치킨(KFC) 麦当劳 Màidāngláo 맥도날드 顺耳 shùn'ěr (말이) 귀에 거슬리지 않다 行医 xíngyī (주로 자신이 하는 병원에서) 의사 노릇을 하다 止泻药 zhǐxièyào 지사제 脱销 tuōxiāo 매진되다, 품절되다 逆反 nìfǎn 상반(되다), 반대(되다)

反之，如果你指出泻肚是主要危险就会引起普遍的直肠干燥，并导致痔疮的诱发乃至因为上火而寻衅打架。火气火气，气由火生，火需水克。五行协调，方能无病。所以既要防便秘也要防拉稀。便秘不好拉稀也不比便秘好。便秘了就治便秘拉稀了就治拉稀。最好是既不便秘也不拉稀。他讲得这样好，恍惚获得了几许掌声。

鼓完了掌才发现问题并没有解决，而由于热烈的讨论五行生克与新陈代谢的进程似乎受到了促进，人人都饿了。便说既然爷爷得票多还是爷爷管吧。

爷爷却不赞成。他说做饭的问题其实是一个技术问题而不是思想问题、观念问题、辈分（级别）问题、职务问题、权力问题、地位问题与待遇问题。因此，我们不应该选举什么领导人，而是要评选最佳的炊事员，一切看做饭烧火炒菜的技术。

泻肚 xiè dù 설사하다　痔疮 zhìchuāng 치질　寻衅 xúnxìn 트집을 잡아서 싸움을 걸다, 고의적으로 시비를 걸다　恍惚 huǎnghū (너무 훌륭해서) 어리둥절하다, 황홀하다　辈分 bèifen 항렬, 촌수　炊事员 chuīshìyuán 취사부, 요리사

그러나 반대로 설사가 주된 위험사항이라고 지적한다면, 즉시 사람들에겐 직장의 건조가 보편화될 것이고, 아울러 치질 유발 및 그로 인한 상초열이 발생하여 사람들은 잦은 화를 내며 서로 싸우게 된다. 화기(火氣)에서 기(氣-어떤 병의 증상)는 화(火-열)로 인하여 생겨나는 것이요, 화는 수(水-물)로써 제압해야 하는 것이다. 오행(五行)이 조화를 이루어야만 무릇 병이 없어지게 된다. 따라서 변비도 막아야 하고 설사도 막아야 한다. 변비가 나쁘지만 설사 역시 변비보다 좋은 것은 아니다. 변비가 생기면 변비를 고치고 설사가 나면 설사를 고쳐야 한다. 제일 좋은 것은 변비도 생기지 않고 설사도 나지 않는 것이다. 그의 이 말은 너무나도 타당하여 사람들의 박수 갈채를 받았다.

박수를 다 치고 나서야 문제가 아직 해결되지 않았다는 것을 깨달았다. 그러나 오행의 상생 및 상극과 신진대사 과정에 관한 열띤 토론으로 인해 촉진을 받아서인지, 사람들은 모두 배가 고파졌다. 모두들 기왕에 할아버님이 가장 많은 표를 얻으셨으니 할아버님이 식단을 관리하는 게 좋겠다고 말했다.

그러나 할아버님은 찬성하지 않으셨다. 할아버님은 밥을 짓는 문제는 사실 기술적인 문제이지, 사상문제나 관념문제, 서열(순위)문제나 직무문제, 권력문제, 지위문제와 대우문제가 아니라고 말씀하셨다. 따라서 우리는 어떠한 지도자를 선출하는 것이 아니라 가장 훌륭한 요리사를 선출해야 하는 것이고, 모든 것은 밥을 짓고 반찬을 볶는 기술에 달린 것이라 하셨다.

　　我儿子表示欢呼，大家也感觉确实有了新的思路，新的突破口。别人则表示今天已经没有时间，肚子已经饿了。尽管由谁来管理吃饭做饭的问题还是处在研讨论证的过程中，到了钟点，饭却仍然是照吃不误，讨论得有结果要吃饭，讨论得没有结果也还是要吃饭，拥护讨论的结果要吃饭，反对讨论的结果也还是要吃饭。让吃饭，要吃饭，不让吃饭，也还是要吃饭。于是……纷纷自行吃饭去了。

　　为了评比炊事技术，设计了许多程序，包括：每人要蒸馒头一屉，焖米饭一锅，炒鸡蛋两个，切咸菜丝一盘，煮稀饭一碗，做红烧肘子一盘等等。为了设计这一程序，我们全家进行了三十个白天三十个夜晚的研讨。有争论、行动、吵架、落泪也有和好。

아들 녀석은 환호를 했고, 모두들 새로운 방향과 새로운 돌파구를 찾았다고 여겼다. 다른 사람들 모두 오늘은 이미 시간이 없고 배는 진작부터 고팠다고 말했다. 누가 밥 먹고 밥 짓는 것을 관리하는가 하는 문제는 아직 토론과 논증 중에 있지만, 시간이 되었으니 밥은 먹던대로 먹어야지 걸러서는 안 된다. 토론을 해서 결과가 나와도 밥은 먹어야 하고, 또 토론을 해서 결과가 나오지 않더라도 밥은 먹어야 한다. 토론의 결과를 지지하는 사람도 밥은 먹어야 하고, 토론 결과에 반대하는 사람도 밥은 먹어야 한다. 밥을 먹게 해도 밥을 먹어야 하고, 밥을 먹지 못하게 해도 밥은 먹어야 한다. 그리하여 다들 각자 밥을 먹으러 갔다.

요리기술을 비교평가하기 위해서 많은 과정을 계획했다. 한 사람당 찐만두 한 판, 뜸 들인 밥 한 솥, 계란볶음 두 가지, 짠지채 한 접시, 끓인 죽 한 사발, 훙샤오 돼지 허벅지살 요리 한 접시 등을 만드는 것이 평가내용에 포함됐다. 이러한 과정을 계획하기 위해 우리 전 가족은 30일 밤낮으로 연구를 했다. 논쟁, 충동, 말다툼, 눈물이 있었고 화해도 있었다.

钟点 zhōngdiǎn 시각, 정해진 시간 ｜ 拥护 yōnghù 옹호(하다), 지지(하다) ｜ 自行 zìxíng 스스로, 저절로 ｜ 评比 píngbǐ 비교하여 평가하다 ｜ 屉 tì (여러 층으로 쌓을 수 있는 납작한) 그릇, 시루, 찜통 ｜ 焖 mèn 뜸을 들이다[뚜껑을 꼭 닫고 약한 불에 고기 등을 익히는 것] ｜ 红烧 hóngshāo 고기·물고기 등에 기름과 설탕을 넣어 살짝 볶고 간장을 넣어 익혀 검붉은 색이 되게 하는 중국 요리법의 한 가지 ｜ 肘子 zhǒuzi 돼지의 허벅지살

最后累得气也喘不出,尿也尿不出,走路也走不动。既伤了和气,又增长了团结,交流了思想感情。既累了精神,又引起了极大的兴趣。说起要炒两个鸡蛋的时候,人们笑得前仰后合,好像受到了某种神秘的暗示性的鼓舞。说到切咸菜的时候,人们忧郁得阴阴沉沉,好像一下子衰老了许多。终于最后归根结底,炊事技艺评出来了。评的结果十分顺通,谁也没有话说。

评的结果名次是:一等一级,爷爷、奶奶。一等二级,父亲、母亲、叔叔、婶婶。二等一级,我、妻、堂妹、堂妹夫,三等一级,我那瘦高挑的儿子。大家又怕儿子受到打击,便一致同意儿子虽是三等,却要颁发给他"希望之星特别荣誉奖"。虽然他又有特别荣誉又成了"希望之星",但他仍然是三等。总之,理论名称方法常新,而秩序,是永恒的。

许多时日过去了。人们模模糊糊地意识到,既然秩序守恒,理论名称方法的研讨与实验便会自然降温。做饭与吃饭问题已不再引起分歧的意见与激动的情绪。

마지막에 가서는 피곤해 숨조차 쉴 수 없고 소변조차 나오지 않고 걷기조차 힘들었다. 이런 와중에 우리들은 서로 감정이 상하기도 했고, 또 단결력을 돈독히 하기도 했으며 서로의 생각과 감정을 교류하기도 했다. 정신적으로 피곤하기도 했고 또 커다란 흥미를 불러일으키기도 했다. 달걀 두 개를 볶는 것에 대해 이야기했을 때 사람들은 몸이 흔들릴 정도로 크게 웃었는데, 마치 모종의 신비스러운 암시와도 같은 고무를 받은 듯했다. 짠지썰기에 대해 말이 나왔을 때 사람들은 마음이 무거워졌고 마치 갑자기 늙어버린 듯했다. 마침내 최후의 결과인 요리기술에 대한 평가가 나왔다. 평가에 대한 결과는 매우 순조롭게 이루어졌고 어느 누구도 토를 달지 않았다.

평가 결과, 등수는 다음과 같다. 1등 1급은 할아버지, 할머니. 1등 2급은 아버지와 어머니, 숙부와 숙모. 2등 1급은 나, 아내, 사촌 누이, 매부, 3등 1급은 나의 키 크고 마른 아들 녀석이었다. 모두들 아들이 충격을 받을까 염려되어 아들이 비록 3등을 했지만 모두의 동의 하에 아들에게 '희망의 별 특별 영예상'을 수여했다. 비록 아들은 특별한 영예를 얻고 또 '희망의 별'이 되었지만, 그러나 아들은 여전히 3등이었다. 결국 이론이나 명칭, 방법은 항상 새로워져도 위계질서는 영원한 법이다.

많은 날들이 지나갔다. 사람들은 모호하게나마 질서가 변함없이 보존되는 이상, 이론이나 명칭, 방법에 대한 연구와 실험에 대한 열기는 자연히 식는다는 것을 인식하게 되었다. 밥을 짓고 먹는 문제는 이제 더 이상 서로 다른 이견이나 불평불만을 불러일으키지 않았다.

前仰后合 qián yǎng hòu hé (웃거나 졸거나 술 취했을 때) 몸을 앞뒤로 (크게) 흔들다   忧郁 yōuyù 우울하다, 울적하다, 마음이 무겁다   阴沉 yīnchén (표정이) 어둡다, 침울하다   颁发 bānfā 주다, 공포하다, 반포하다   守恒 shǒuhéng (일정한 수치를) 변함없이 보존하다

做饭与吃饭究竟是技术问题体制问题还是文化观念问题还是什么其他别样的过去想也没有想过的问题，也不再困扰我们的心。看来这些问题不讨论也照样可以吃饭。徐姐平安地去世了，无疾而终。她睡了一个午觉，一直睡到下午四点还不醒，去看她，她已停止了呼吸。全家人都怀念她尊敬她追悼她。儿子到中外合资企业工作去了，他可能已经实现了天天吃黄油面包和一大堆动物性蛋白质的理想。节假日回家，当我们征询他对于吃什么的意见的时候，他说各种好的都吃过了，现在想吃的只有稀饭与腌大头菜，还有高汤与炸酱面。说完了，他自我解嘲说：观念易改，口胃难移呀！叔叔与婶婶分到了新落成的单元楼房，搬走了。他们有设有管道煤气与抽风换气扇孔的厨房，在全新的厨房里做饭，做过红烧肘子也做过炒鸡蛋，但他们说更经常地仍然是吃稀饭、烤馒头片、腌大头菜、高汤、炸酱面。

困扰 kùnrǎo 괴롭히다, 곤혹스럽게 하다　追悼 zhuīdào 추도[추모]하다　征询 zhēngxún 의견을 널리 구하다　解嘲 jiěcháo 남의 조소에 대하여 대충 변명하다　落成 luòchéng (건축물을) 낙성하다, 준공하다　管道煤气 guǎndàoméiqì 도시가스

밥을 짓고 먹는 것이 도대체 기술적 문제인지 체제 문제인지, 아니면 문화관념의 문제인지, 아니면 과거에는 생각조차 하지 못했던 어떤 다른 문제인지는 이제 더 이상 우리 마음을 불편케 하지 않았다. 보아하니 이러한 문제들을 굳이 토론하지 않아도 밥 먹는 데 아무런 문제가 없었다. 쉬 누님은 병을 앓지 않고 편안히 세상을 뜨셨다. 그녀는 낮잠을 자다가 4시가 될 때까지 깨지 않아 가 보니 이미 호흡이 멈춘 상태였다. 전 가족이 모두 그녀를 그리워하고 존경하며 그녀를 추도했다. 아들은 중외합작 회사에서 일하게 되었다. 아들은 아마도 매일마다 버터와 빵에 동물성 단백질을 잔뜩 먹겠다는 자신의 꿈을 이미 실현한 듯하다. 휴일에 집에 왔길래 우리가 아들에게 무엇이 먹고 싶냐고 물었더니 아들은 좋다는 것은 모두 다 먹어 봤다면서, 지금 먹고 싶은 것은 오직 흰죽과 짠지, 맑은 국, 그리고 자장면이라고 대답했다. 말하고 나서 아들은 변명하며 말했다. "관념은 쉽게 변해도, 식성은 변하기 어렵더라고요!" 숙부와 숙모는 새로 지은 아파트를 분양받아 그리로 이사 갔다. 그들은 도시가스와 환풍기가 설치된 주방을 갖게 되었다. 첨단 주방에서 밥을 하면서 홍사오 돼지 허벅지살 요리도 만들고, 또 계란볶음도 만들어 봤다. 그러나 그들도 여전히 흰죽과 짠지, 절인 양배추, 맑은 국, 자장면을 자주 먹는다고 했다.

　　堂妹夫终于出国"深造",一面留学一面就业了,他后来接走了堂妹,并来信说:"在国外,我们最常吃的就是稀饭咸菜,一吃稀饭咸菜就充满了亲切怀恋之情,就不再因为身在异乡异国而苦闷,就如同回到了咱们的亲切朴质的家。有什么办法呢,也许我们的细胞里已经有了稀饭咸菜的遗传基因了吧!"

　　我、爸爸和爷爷幸福地生活在一起。我们吃的鸡鸭鱼肉蛋奶糖油都在增加,我们都胖了。我们饭桌上摆的菜肴愈来愈丰富多彩和高档化了。有过炒肉片也有过葱烧海参。有过油炸花生米也有过奶油炸糕。有过凉拌粉皮也有过蟹肉沙拉甚至还吃过一次鲍鱼鲜贝。鲍鱼来了又去了,海参上了又下了,沙拉吃了又忘了。只有稀饭咸菜永存。即使在一顿盛筵上吃过山珍海味,这以后也还要加吃稀饭咸菜,然后口腔食道胃肠肝脾胰腺才能稳定正常地运转。如果忘记了加稀饭咸菜,马上就会肚子胀肚子痛。也许还会长癌。我们至今未患肠胃癌,这都是稀饭咸菜的功劳啊!稀饭和咸菜是我们的食品的不可改变的纲。其他只是搭配——陪衬,或者叫作"目"。

사촌 매부는 드디어 외국에 나가 학문을 연마하게 되었는데, 유학을 하면서 한편으로 취업을 했다. 후에 그는 사촌 누이를 데려갔고 편지를 보내왔다. "해외에서 우리들이 가장 자주 먹는 것은 바로 흰죽과 짠지입니다. 흰죽과 짠지를 먹으면 고향에 대한 그리움과 친근함으로 마음이 벅차올라 더 이상 타향살이로 인해 고통스럽지 않고, 친근하고 소박한 것이 마치 우리 집에 되돌아온 것 같습니다. 어쩌겠습니까? 아마도 우리의 세포 안에 이미 흰죽과 짠지의 유전인자가 있어서겠지요?"

나, 아버지, 할아버지는 행복하게 함께 생활했다. 우리들이 먹는 닭, 오리, 생선, 고기, 계란, 설탕, 기름은 계속 늘어나 모두 살이 쪘다. 우리 집 식탁 위에 펼쳐지는 반찬은 갈수록 풍성해지고 고급화되어 갔다. 고기 볶음도 있고 파 넣고 볶은 해삼도 있었다. 기름에 튀긴 땅콩 요리도 있고 크림 넣고 튀긴 튀김도 있었다. 녹말묵을 무친 것도 있고 게살 샐러드도 있으며, 심지어 한번은 전복과 신선한 조개도 먹었다. 전복이 올라왔다 물러가고, 해삼이 올라왔다 또 가고, 샐러드도 먹고 나면 그걸로 끝이었다. 오직 흰죽과 짠지만이 밥상에 영원히 존재했다. 설사 성대한 연회자리에서 산해진미를 먹었다 할지라도, 우리들은 또 흰죽과 짠지를 먹고자 했다. 그래야만 구강, 식도, 위장, 간, 비장, 췌장 등이 비로소 안정을 찾으면서 정상적으로 움직여 주었다. 만약 흰죽과 짠지 먹는 것을 잊어버리면 곧바로 배가 더부룩해지면서 아프기 시작한다. 어쩌면 암이 생길지도 모르는 일이다. 우리는 지금껏 위암에 걸린 적이 없으며, 이 모든 것은 바로 흰죽과 짠지 덕분인 것이다! 흰죽과 짠지는 우리 음식에서 변할 수 없는 핵심요소이다. 다른 것들은 단지 구색 맞추기, 즉 보조장식이며, '하부 항목'이다.

深造 shēnzào 깊이 연구하다[파고들다]　基因 jīyīn 유전자　菜肴 càiyáo 요리, 반찬[주로 고기 요리를 일컬음]　粉皮 fěnpí 얇은 녹말묵　鲍鱼 bàoyú 전복　盛筵 shèngyán 성대한 연회석　脾 pí 비장　胰腺 yíxiàn 췌장　胀肚子 zhàng dùzi 배가 더부룩해지다　纲 gāng 사물의 가장 중요한 부분, 강[생물 분류학상의 한 단위]　搭配 dāpèi 곁들이다, 끼워 넣다　陪衬 péichèn 돋보이게 하는 물건[장식]　目 mù (세부된) 작은 항목·조목, 목['강'의 아래 등급]

徐姐去世以后，做饭的重任落到了妈妈头上。每顿饭以前，妈妈照例要去问问爷爷奶奶。"汤呢，就做了吧，就不做了吧。肉呢？切成肉片还是肉丝？"古老的提问既忠诚又感伤。是一种程序更是一种道德情绪。在这种表面平淡乃至空洞的问答中寄托了对徐姐的怀念，大家感觉到徐姐虽死犹生，风范常存。爷爷屡次表示只要有稀饭、咸菜、烤馒头片与炸酱面，做不做汤的问题，肉片与肉丝的问题以及加什么高级山珍海味的问题，他不准备过问，也希望妈妈不要用这种愈来愈难以拍板的问题去打搅他。妈妈唯唯。但不问总觉得心里不踏实。饭做熟了，唤了大家来吃，却要东张西望如坐针毡，揣摩大家特别是爷爷的脸色。爷爷咳嗽一声，妈妈就要小声嘟囔，是不是稀饭里有了沙子呢！是不是咸菜不够咸或者过于咸了呢？小声嘟囔却又不敢直截了当地征求意见。虽然，即使问过爷爷也不能保证稀饭里不掺沙子。

空洞 kōngdòng 공허하다, 내용이 없다　风范 fēngfàn 풍모와 재능, 패기　屡次 lǚcì 누차, 여러 번　拍板 pāibǎn 책임자가 결정을 내리다　唯 wéi 예[대답하는 소리]　东张西望 dōng zhāng xī wàng 여기저기 바라보다　如坐针毡 rú zuò zhēn zhān 불안하여 잠시도 마음을 놓지 못하다　揣摩 chuǎimó (의도 따위를) 반복하여 세심하게 따져보다　掺沙子 chān shāzi 모래를 섞어 놓다

 쉬 누님이 세상을 떠난 후 밥 짓는 중책은 어머니에게 떨어졌다. 매끼 식사 전에 어머니는 예전대로 할아버님과 할머님께 가서 물었다. "국은 끓일까요, 말까요? 고기는 저밀까요, 아니면 채로 썰까요?" 고리타분한 물음은 충성스럽기도 하면서 또 한편으로는 가슴을 아프게 했다. 이는 일종의 일의 순서였고 더욱이 일종의 도덕적 정서였다. 이렇게 겉으로는 단순하고 실없는 질문과 대답 속에는 바로 쉬 누님에 대한 그리움이 담겨 있었다. 모두 쉬 누님이 비록 돌아가셨지만 영원히 살아 계시며, 그 모습이 항상 존재한다고 느꼈다. 할아버님께서는 단지 흰죽과 짠지, 구운 찐빵, 자장면만 있으면, 국을 끓일지 말지의 문제, 고기를 저밀지, 채를 썰지 하는 문제, 그밖에 무슨 산해진미의 고급 요리 같은 문제에 대해서는 참견하지 않겠다고 누차 표명하셨다. 또 결정하기 어려운 이런 문제들로 자신을 번거롭게 하지 않기를 바라셨다. 어머니는 그저 예예 하고 대답하셨다. 그러나 어머니는 묻지 않고서는 마음을 놓지 못하셨다. 밥이 다 준비되면 어머니는 모두를 불러 식사를 하도록 했다. 이때 어머니는 마치 가시방석에라도 앉은 듯이 여기저기 둘러보셨는데, 특히 할아버님의 안색을 살피셨다. 할아버님이 기침이라도 하시면 어머니는 "죽 속에 모래가 들어갔나? 짠지가 너무 싱거운가, 아니면 너무 짠가?" 하며 나지막한 소리로 중얼거리셨다. 나지막한 소리로만 중얼거리실 뿐 감히 그 자리에서 직접 의견을 여쭙지는 못하셨다. 설령 할아버님께 여쭈었다 하더라도 죽 속에 모래가 섞여 있지 않다고 장담할 수 없는 일이었다.

于是，每一天，妈妈还是要在黄昏将临的时候忠顺地、由于自觉啰嗦而分外诚惶诚恐地去问爷爷——肉片还是肉丝？问话的声调委婉动人。而爷爷答话的声调呢？叫作慈祥苍劲。即使是回答："不要问我"，也总算有了回答。妈妈就会心安理得去完成她的炊事。

一位英国朋友——爸爸四十年代的老友来华旅行，在我们家住了一个星期。最初，我们专门请了一位上海来的西餐厨师给他做面包蛋糕计司牛排。英国朋友直率地说："我不是为了吃西餐或者名为西餐实际上四不像的东西而来的，把你们的具有古老传统的独特魅力的饭给我弄一点吃吧，求求你们了，行不行？"怎么办呢？只好很不好意思地招待他吃稀饭和咸菜。

"多么朴素！多么温柔！多么舒服！多么文雅……只有古老的东方才有这样神秘的膳食！"英国博士赞叹道。我把他的称赞稀饭咸菜的标准牛津味儿的英语录到了"盒儿带"上，放给瘦高挑儿子听。

그래서 매일마다 어머니는 해 질 무렵에 충직하게, 자신이 말이 많다고 생각하여 각별히 조심하며 삼가 할아버님께 여쭈었다. "고기를 저밀까요? 아님 채썰까요?" 묻는 목소리는 부드러워 사람의 마음을 움직였다. 그러나 할아버님의 대답하시는 어조는? 자상하면서도 단호하게 "내게 묻지 말거라" 하고 대답하셨다. 어쨌든 대답을 하신 셈이니, 어머니는 편안한 마음으로 음식을 만드실 것이다.

한 영국 친구─아버지가 1940년도에 알던 옛 친구─가 중국으로 여행을 와서 우리 집에서 1주일을 머물렀다. 처음에 우리들은 상하이에서 온 서양음식 요리사를 초빙해 빵과 케이크, 치즈, 스테이크를 만들어 주었다. 영국 친구는 솔직하게 말했다. "나는 서양음식이나 혹은 이름은 서양요리인데 실제로 이것도 저것도 아닌 이런 음식을 먹으러 온 것이 아닙니다. 여러분의 오랜 전통의 독특한 매력을 갖춘 음식을 내게 해줄 수 있나요? 부탁합니다. 가능합니까?" 이를 어찌한단 말인가? 어쩔 수 없이 우리는 부끄러워하며 그에게 흰죽과 짠지를 대접했다.

"이 얼마나 소박하고 정겨운가! 얼마나 편안하고 점잖고 우아한가!……오직 역사 깊은 동양에만 이렇게 신비스러운 음식이 존재할 겁니다!" 영국 박사는 감탄하며 말했다. 나는 흰죽과 짠지를 칭찬하는 그의 옥스퍼드식 정통영어를 녹음기에 녹음하여 키가 크고 비쩍 마른 내 아들 녀석에게 들려주었다.

诚惶诚恐 chéng huáng chéng kǒng 대단히 두렵고 불안하다 | 委婉 wěiwǎn (말이) 완곡하다, 말소리가 듣기 좋다 | 苍劲 cāngjìn (글씨·화법 따위가) 고아하고도 힘이 있다 | 心安理得 xīn ān lǐ dé 도리에 어긋나지 않아 마음이 편안하다 | 四不像 sìbúxiàng 이것도 아니고 저것도 아니다 | 朴素 pǔsù (색깔·모양 따위가) 화려하지 않다, 소박하다 | 文雅 wényǎ (말·행동 따위가) 고상하고 우아하다, 점잖다 | 牛津 Niújīn 옥스포드

연습문제 3

1 본문을 읽고 다음 물음에 답하시오.

(1) 本文中的这个大家庭是几代人共同生活在一起的？
   A. 3代
   B. 4代
   C. 5代

(2) 为何说徐姐是这个家中比正式成员还要正式的成员？
   A. 徐姐在这个家里待了40年了，早已成了家中的一员了
   B. 爷爷奶奶非常信任她，他们之间有着很深的情义
   C. 我们大家都已经习惯于由她来安排照顾我们的生活

(3) "两天以后就降温了"是指什么而言？
   A. 天气降温了
   B. 大家对收录机的热情降温了
   C. 新事物的新鲜劲降温了

(4) 如何理解"爷爷的旗号"的确切意思?
   A. 一切事情都说成是爷爷的主意
   B. 一切事情都说是爷爷的意思
   C. 一切事情都要由爷爷同意

(5) 儿子的西式早餐化纲领失败的原因是——
   A. 大家吃西式早餐吃出病了
   B. 费用太高,三天就花掉了过去一个月的伙食费
   C. 全盘西化,不考虑大家是否适应

(6) 爷爷为什么认为"做饭问题"是一种越来越难以拍板的问题?
   A. 徐姐不在了,爷爷没有商量的对象了
   B. 爷爷的年龄大了,思维不如以前灵活了
   C. 菜肴的种类越来越丰富

2　본문의 내용과 일치하면 O, 다르면 ×표를 하시오.

(1) 徐姐克扣大家的伙食,遭到了大家的一致批评。(　　)
(2) 爷爷是家里的绝对权威,大家都很怕他。(　　)
(3) 分灶吃饭的改革最终也不了了之了。(　　)

187

⑷ 堂妹夫在家里的地位还不如徐姐重要。（　　）

⑸ 叔叔是个有着50多年行医经验的老大夫。（　　）

⑹ 英国博士认为中国的饮食独具魅力。（　　）

3 녹음을 듣고 빈칸에 들어갈 말을 써 넣으시오.

⑴ 从来没有过意见（　　），没有过论证（　　　）不下，没有过纵横捭阖，明争暗斗。

⑵ 他年轻，有（　　），有想法，又（　　　），符合成才规律。

⑶ 缺乏民主吃得（　　　）却没有人（　　）而出负责任。

⑷ 说到切咸菜的时候，人们（　　　）得阴阴沉沉，好像一下子（　　　）了许多。

⑸ 在这种表面平淡乃至（　　）的问答中寄托了对徐姐的（　　），大家感觉到徐姐虽死犹生。

4 다음 문장을 자연스러운 우리말로 옮기시오.

⑴ 我儿子终于提了一个建议，提议以前挤了半天眼睛，好像眼睛里爬进了毛毛虫。

(2) 人生在世，情义为重，徐姐在我家，情义俱全，比爷爷的嫡亲还要亲，比爷爷的骨肉还要近。

⋯▸

(3) 我不是为了吃西餐或者名为西餐实际上四不像的东西而来的。

⋯▸

5 다음 문장을 자연스러운 중국어로 옮기시오.

(1) 그녀는 식비를 남겨서 인삼을 좀 사다가 할아버님 방에 가져다 드렸는데, 우리들의 허리띠를 졸라서 할아버님께 충성을 바쳤다.

⋯▸

(2) 어쩌겠습니까? 어쩌면 우리의 세포 안에 이미 흰죽과 짠지의 유전인자가 있어서겠지요?

⋯▸

작가소개 **왕멍(王蒙)**

1934년 베이징(北京) 태생. 1948년 14세의 나이에 중국 공산혁명에 뛰어들어 공산당원이 된 뒤, 거친 중국 현대사를 헤쳐나온 중국의 대표적인 지식인이다. 『青春万岁』라는 장편소설로 화려하게 문단에 데뷔하였으나, 그후 계속되는 혁명의 소용돌이 속에서 우파분자로 몰려 16년간 불모지인 위구르자치구에서 유배생활을 하였다. 이때 창작은커녕 어떤 직업을 갖는 것마저도 철저히 금지된 고통스런 날들을 보내게 된다. 1979년 마침내 복권돼 고향인 베이징으로 돌아왔을 때 그의 나이 45세였다. 후에 중앙위원, 문화부 장관 등 높은 자리를 지냈고, 수십 편의 소설로 중국을 대표하는 문호로 불리게 되었다. 대표작품으로는 『青春万岁』, 『活动变人形』, 『我的人生哲学』 등이 있다.

작품해설 이 작품은 전통적인 가부장적 사상을 중심으로 모여 사는 '대가족' 집단 내에서, 가족 구성원간에 음식문제를 둘러싸고 벌어지는 이야기를 주요 줄거리로 삼고 있다. 가족 내에서 벌어지는 신구세대간의 갈등은 표면적으로는 식단에 관한 문제이지만, 그 이면의 본질적인 문제는 '신구 문화의 충돌', 즉 '전통문화와 서구문화간의 충돌'이라고 할 수 있다. 작가는 한 가족 내에서 벌어지는 이러한 문제를 통해 당시 개혁·개방화 되어 가는 중국사회 내부에 잠재돼 있는 전통과 현대화, 서구화의 문제를 통찰해 내고 있다. 작품의 결미는 가족 구성원들이 서구화된 식단을 전면 배척하는 것이 아니라, 여기에 효과적으로 대처해가면서 기존의 전통식단과의 절충을 모색하게 된다는 것이다. 여기서 작가가 말하고자 하는 메시지는 '전통문화'라고 하는 것은 인위적으로 제거하려고 해도 제거될 수 없으며, 민족의 의식 속에 뿌리 깊게 전해 내려오는 일종의 강인한 생명력이라는 것이다. 서구의 강력한 정치·문화적 패권주의 앞에서 중국뿐 아니라 우리도 과연 어떻게 우리의 고유한 문화적 전통을 서구문화와 조화시켜 나가야 할지 진지한 사색이 필요하진 않을런지…….

연습문제 모범답안

연습문제 1

1 (1) C (2) A (3) B (4) B (5) A (6) C

2 (1) ○ (2) ○ (3) × (4) × (5) ○ (6) ○

3 (1) 摇晃，挪动 (2) 使劲，扭断
 (3) 捆绑，卖力 (4) 饥渴，精疲力竭
 (5) 寸步不离，尖声细气

4 (1) 그는 죽을 힘을 다해 앞으로 내달렸다. 그는 숨이 가빠 오르고 두 다리에 힘이 빠져 더 이상 뛸 수 없을 것 같았다.
 (2) 사내아이는 눈을 떴지만 통증이 여전히 계속되었고, 입은 일그러져 갔다.
 (3) 그의 두 손은 몸 뒤로 묶여 있었고, 고개를 아래로 떨구지 못하도록 줄이 그의 목 위로 단단히 졸라매어져 있었다.

5 (1) 就是这只手，要不他为什么躲得这么快……
 (2) 听到后面"扑通"一声，他转过身去，看到男孩倒在了地上。

연습문제 2

1 (1) A (2) B (3) B (4) C (5) B (6) C

2 (1) ○ (2) ○ (3) × (4) × (5) ○ (6) ×

3 (1) 扎，蛮，苗条 (2) 直爽，畏畏缩缩
 (3) 瓜葛，行色匆匆 (4) 威胁，干扰
 (5) 气派，过瘾

4 (1) 사람 사이의 관계란 바로 이렇다. 때로는 의도하지 않게 다른 사람의 생활 속으로 뛰어 들어가게 되고, 때로는 아무리 원하고 노력해도 그 사람에게 가까이 다가갈 수 없다.

(2) 그때 우리 둘은 같이 만나 이야기를 나누며 담배를 뻑뻑 피워 댔다. 그의 오른손 식지와 중지는 담배연기에 그을려 노랬다.

(3) 양광에게 듣자하니 그 젊은이는 늘 그녀에게 어떻게 한번 해보려고 수작을 걸어, 사실은 그녀가 그를 매우 싫어한다고 했다.

5 (1) 我认为在生活中我们可以谈论爱，但不可轻易对某人说爱，也不可轻易认为自己爱着某人。

(2) 每个人都处在真实和虚幻之间，每一时刻我们的位置都不一样，我们的思考也会迥然不同。

연습문제 3

1 (1) B   (2) C   (3) B   (4) B   (5) C   (6) C

2 (1) ×   (2) ×   (3) ○   (4) ×   (5) ○   (6) ○

3 (1) 分歧，争鸣相持   (2) 冲劲，脱颖而出
(3) 一塌糊涂，挺身   (4) 忧郁，衰老
(5) 空洞，怀念

4 (1) 아들 녀석이 마침내 건의를 했는데, 건의하기 전 하도 눈짓을 보내길래, 눈에 벌레가 기어 들어간 줄 알았다.

(2) 사람이 태어나서 가장 중요한 것은 인정과 의리인데, 쉬 누님이 우리 집에 있는 것은 인정과 의리과 모두 갖추어진 것으로, 쉬 누님은 할아버님의 친 핏줄보다도 더 돈독한 사이이며, 당신의 골육보다도 더더욱 가깝다.

(2) 나는 서양음식이나 혹은 이름은 서양음식인데 실제로 이것도 저것도 아닌 이런 음식을 먹으러 온 것이 아닙니다.

5 (1) 她省下了伙食钱，买了些人参送到爷爷屋里，勒我们的裤带向爷爷效忠。

(2) 有什么办法呢, 也许我们的细胞里已经有了稀饭咸菜的遗传基因了吧！